Profondamente

Paesaggi interiori

di

Carmine Acheo

Psicologo cognitivo e Counselor biosistemico

PREFAZIONE

Noi abbiamo sentimenti e sensazioni,

ci muoviamo spontaneamente e

abbiamo un profondo legame

con gli altri esseri viventi e con la natura.

(A. Lowen – La spiritualità del corpo – Astrolabio)

Spero che il mio percorso sia letto e assaporato. Anche se ripeto spesso le stesse sensazioni, questo, è dato dal dover affrontare più volte il dolore dell'abbandono, della solitudine, della indifferenza.

Il seguente lavoro si svolge in tre momenti: una breve storia fra due ragazzi che si amano (scrittura creativa), i movimenti dell'Anima e i paesaggi interiori (diario, percorso personale), raccolta di frasi e aforismi e di immagini che facilitano il lettore nella comprensione dei significati simbolici e la conclusione.

Mi è stato regalata dalla vita tanta assenza che a volte persone che si trovano intorno non sanno cosa fare e come comportarsi. Non sono una persona di poco valore questo l'ho sempre dovuto dimostrare in primis alla famiglia, alla scuola, nel lavoro e nella società, mi è sempre stato richiesto il top. Non so se sono arrivato ad un buon livello o ad un livello accettabile ma almeno mi sono messo in discussione. Si dice che chi svolge il lavoro di psicologo ha prima lui dei problemi: io vedo semplicemente che chi svolge questa professione in primis si chiede cosa bisogna integrare e come far comunicare diverse parti di sé, quindi, non penso che siano tutti problematici e che quindi scelgano questa strada formativa e professionale.

Personalmente l'ho scelta perché penso sia la cosa più bella andare oltre a quello che c'è in superficie, perché ho dovuto farmi da genitore presto nella vita, perché la vita ha senso quando incominci a domandarti e a chiederti come mai succedono determinate cose. Credo poco al destino ma molto a quello che ereditiamo dall'ambiente culturale e familiare, di cosa ogni persona vuole creare e quali sono i valori che sottendono la persona e la propria professione. C'è sempre da migliorarsi è vero ma questo diario di bordo serve anche a fare il punto della situazione, a definire chi sono e dove vado e ricevere un minimo di affetto dal pubblico (addetto ai lavori e non). Credo che il creare l'alone del professionista perfetto, che debba mantenere un

2

riservo voglia dire ancora oggi dopo più di un secolo di psicoanalisi, voler far passare un'idea sbagliata della disciplina e della modalità falsata in cui chi si appresta a ricevere una prestazione credendo di trovarsi davanti a un "guru" o un "dispensatore" di verità. Quest'ultima va semplicemente costruita e ricostruita nelle maglie del lavoro terapeutico che consiste nell'arte della maieutica, la soluzione non è un qualcosa da cercare ma da far emergere proprio da quei micro movimenti, dalle anse dell'Anima che spero siano emerse nel racconto. Penso sia molto bello comunicare con aspetti così profondi di sé stessi e di catturare l'essenza della vita. Spero di aver omaggiato la psicologia analitica che si basa tutta sulla dimensione simbolica del proprio vissuto intrapsichico e interpsichico, entro il quale, si ripetono copioni trans generazionali tramite l'attivazione di archetipi, di storie comuni con i propri predecessori, sul superamento della logica spazio temporale e sull'attuazione nella propria vita della sincronicità*.

Ringrazio i miei formatori Dottori Jerome e Rita Liss, Maurizio Stupiggia, Giampiero Genovese, Marina Saviozzi, Pino De Sario e ai miei compagni di corso e alla mia amata Salerno.

Un ringraziamento speciale, per avermi condotto in questo viaggio, alla Dott.ssa Silvana Lepre che è stata sempre presente e vigile e all'inimitabile scrittore, animatore, counselor Angelo Coscia che mi ha supportato nei momenti decisivi della stesura.

A tutte le persone di riferimento che mi hanno fatto diventare una persona profonda e sensibile.

Con affetto e devozione

Carmine

* Per maggiori informazioni sulla psicologia analitica, sulla sincronicità, sul rapporto tra Freud e Jung, sull'arte di Amare, altre tematiche presenti visitare sito professionale http://psicologiainrete.jimdo.com

A Gaetano e Flavio che mi hanno dato
tanto amore e sapore
alla Vita.
Rimarranno sempre
dentro di me.

"Ti amo, avrei voluto dirgli.
Ma non abbastanza da lasciarti andare.
E poi guardati, guarda come sei ridotto.
Se me ne vado io, tu muori spiritualmente.
Muori perché ti si stacca un pezzo,
ti si strappa via una parte di vita e senza quella parte,
dopo di te, crepo pure io"
(Valentina D'Urbano, Il rumore dei tuoi passi, Longanesi, 2012)

Profondamente, dolcemente, sei

Ritornello

Profondamente, dolcemente, sei (2 vv)

Io ti sento dentro me,

Quando ti penso, il mio respiro diventa profondo,

ti sento dentro me, sei parte di me.

Il tuo sguardo è impresso dentro me.

Sei l'essenziale, sei la mia stella che mi guida, il tuo cuore è dolce

la tua anima è la luce dentro me.

Sei il mio faro, la mia rotta, sei la mia ragione di vita, ti sento dentro me.

Quando stai con me, i minuti sembrano un'eternità, non mi fermo mai ad ascoltarti, la tua voce dà pace, il tuo sorriso è la prova che sei tu sei, unicamente, sei un raggio di luce, in questo tempo buio.

Sento che sei l'unica persona che può entrare dentro me, fra me e te c'è un filo

invisibile, che ci lega e ci porta lontano da tutto e da tutti.

Quando sto con te, sei come un albero, che dà aria pulita e l'anima si rigenera.

Vorrei abbracciarti e unire i nostri respiri e sentire il tuo profumo, e profondamente, dolcemente

ritrovarci come due anime che si riconoscono e che parlano d'amore.

Gli occhi tuoi brillano nei miei. La tua voce risuona forte dentro me.

Ritornello (2 vv)

Profondamente, dolcemente, sei

Io ti sento dentro me.

I PARTE

Introduzione

Un giorno ricorderemo quando le persone dello stesso sesso non si potevano sposare e diremo: "Come è successo?". Basta superare il confine oramai, per sposarsi, non è più una metafora, ma noi quando lo supereremo questo confine? Mai, si direbbe, visto come siamo indietro, mentre nel resto del mondo civile ci si sposa con chi si vuole. In molti in Italia pensano che l'unica relazione in grado di generare la vita è quella tra uomo e donna e il matrimonio è il riconoscimento giuridico di questa relazione. Imporre l'uguaglianza di altri tipi di rapporto è una scelta priva di riscontro con la realtà, secondo la nostra tradizione. La vita non è generata solo dall'unione di due gameti ma dall'amore fra due persone e questo non è dettato dal sesso biologico ma dalla forza dei sentimenti e dalla voglia di condividere il percorso della vita con una persona che è capace di comunicare in modo profondo. Se c'è una buona dialettica all'interno della coppia, la prole costruirà un senso di identità e di appartenenza grazie alla condotta dei due partner e questa non potrà essere scalfita minimamente dal proprio sesso biologico. L'amore non ha sesso e sentire vicino una persona del proprio sesso non vuol dire essere in conflitto con l'altro sesso o con sé stessi o con il modo di intendere il mondo delle generazioni precedenti. Ancora oggi nelle scuole si parla che la natura ha deciso di strutturare il corpo per generare la vita e quindi l'unione di un uomo e una donna, siamo gli unici in Europa insieme alla Grecia, a non avere una legge sulle coppie gay, eppure in tutto il mondo ormai ci si sposa tra persone dello stesso sesso senza che questo mette minimamente in discussione la famiglia tradizionale, se questa è la preoccupazione degli oppositori. Perché una persona omosessuale in Italia non può nemmeno sognare che un giorno potrà sposarsi oppure che la sua relazione venga riconosciuta sia socialmente che legalmente? Come mai siamo così arretrati? La prima risposta che immediatamente ci sovviene è: siamo cattolici e in Italia c'è il Vaticano. Nel Medioevo, si decise che i preti non potessero sposarsi per evitare che le terre e i feudi che gestivano venissero ereditati dai loro figli, era diffusa la scelta di prendere i voti per avere maggiori favori e maggiore potere, questo fino al dopoguerra. Farsi prete o monaco o suora rientrava nei piani delle famiglie benestanti, come erano diffuse le relazioni affettive e sessuali da parte di papi e alti prelati. Gli stessi apostoli avevano le loro famiglie. Il celibato dei parroci è stata una delle scelte per mantenere il potere temporale della Chiesa.

Quando si parla dell'episodio di *Sodoma e Gomorra il peccato non è di fornicazione ma vi è la mancata ospitalità, in quanto si usava rendere omaggio all'ospite che era sacro e invece gli abitanti cercarono di abusare degli stranieri. Fare sesso con due angeli (ospiti della casa di Lot, che furono costretti a barricarsi per non subire violenza da parte dei cittadini) inviati da Dio per trovare nella città almeno dieci persone giuste di modo che Dio non avrebbe raso al suolo la città di Sodoma. Lot rifiutò il voler concedere i sue due ospiti, offrendo al loro posto le sue due figlie vergini pur di non commettere un grave peccato agli occhi di Dio contro la legge dell'ospitalità, ma essi rifiutarono, insistendo nelle loro pretese. Gli abitanti di Sodoma provarono così a fracassare la porta d'ingresso, ma i due invitati impedirono l'accesso all'interno della casa agli assalitori accecandoli tutti con un'abbagliante luce. Dio, quindi, inviò una pioggia di fuoco e zolfo che incenerì del tutto Sodoma con i suoi abitanti, assieme ad altre città della pianura.* Il profondo mutamento della <u>pratica dell'hospitalitas,</u> la cui importanza è diminuita nelle società occidentali moderne, ha portato secondo alcuni a una maggiore evidenza del tema della trasgressione omosessuale. La quale però può essere vista come il mezzo attraverso cui si esprime la colpa degli abitanti di Sodoma e non costituisce la colpa stessa. L'interpretazione ebraica non si è del resto mai discostata da questa interpretazione, che è chiaramente espressa in altri punti della Bibbia in cui Sodoma è nominata quale esempio d'inospitalità e mancanza di carità e non per la sua trasgressione. (Si veda per esempio Ezechiele, 16, 49: *"Ecco, questa fu l'iniquità di tua sorella Sodoma: lei e le sue figlie vivevano nell'orgoglio, nell'abbondanza del pane e in una grande indolenza, ma non sostenevano la mano dell'afflitto e del povero"*).

In conclusione: 1.il mito non appare nato per istruire sul corretto comportamento sessuale, dato che questo è uno dei testi meno adatti della Bibbia per insegnare una corretta morale sessuale. L'autore non si stava preoccupando di fornire esempi di retto comportamento sessuale e neppure di retto comportamento tout court: non uno dei protagonisti della vicenda agisce infatti in un modo che secondo la nostra morale sia "corretto", non ovviamente gli abitanti di Sodoma, non la moglie di Lot che disobbedisce sfacciatamente all'esplicito ordine divino, non le figlie che ubriacano il padre e lo spingono all'incesto, e nemmeno Lot stesso che si ubriaca smodatamente e abusa delle sue stesse figlie e le ingravida di una prole "bastarda". *La narrazione ha quindi un senso più coerente, come detto, se la si legge come insegnamento (attraverso un racconto a tratti volutamente paradossale e iperbolico) sulla sacralità assoluta dell'ospitalità;*

2. D'altro canto, se lo si legge alla luce del parallelo con la narrazione del levita di Efraim, l'atto d'inospitalità che gli abitanti di Sodoma intendessero compiere sugli ospiti di Lot, che fu punito severamente, *appare come una sopraffazione di tipo sessuale verso l'ospite. Il fatto però, che nel caso del levita di Efraim, gli abusanti avessero accettato la concubina al posto del levita stesso, mette in evidenza come la natura etero od omosessuale dell'abuso non sia rilevante. Nel brano di Sodoma poi, l'oggetto sessuale dello stupro avrebbe dovuto essere i messi divini, il cui carattere appunto divino sembra molto più significativo di una loro presunta maschilità nella connotazione*

della condanna. Non risulta quindi arduo sostenere la tesi della pura e semplice irrilevanza dell'omosessualità in questo brano biblico.

Le varie possibili motivazioni risiedono nel modo di intendere i rapporti fra maschio e femmina. I lavori sono ancora divisi in base ai compiti classici dell'uomo come cacciatore, predatore (imprenditore, dirigente, amministratore) mentre per la donna vengono demandati i compiti di accudimento e di assistenza (badante, infermiera, segretaria, baby - sitter). All'interno della coppia e della cultura italiana c'è sempre da parte dei genitori l'ottica dell'accasarsi, in un qual modo un sostituto materno che deve essere capace di proteggere e curare la casa e rispondere all'esigenze del proprio marito. Da parte delle mamme, la preoccupazione è di vedere il proprio figlio accudito da un'altra donna e da parte dei padri c'è la necessità di continuare a mantenere alto il nome, il valore del blasone della propria famiglia: come se il poter avere un erede, vuol dire continuare ad avere un ruolo all'interno della società. Da parte di tutti i genitori vedere il proprio o la propria figlia in una coppia omosessuale porta all'insorgenza di paure sulla fragilità e sulla poca durata della relazione. All'interno delle coppie omosessuali, c'è poca durata (in media si arriva al massimo sui 5-6 anni) rispetto alla media delle coppie eterosessuali, probabilmente perché si sentono vincolate per forza dal dettato sociale di dover per forza produrre una prole, quindi di dover assolvere al compito di continuità della vita e alla crescita della prole. Nelle coppie eterosessuali, quindi, anche se l'intimità e la complicità all'interno di queste va a svanire, in genere, si tende a mantenere l'unità familiare per rendere più facile la crescita dei propri figli e per mantenere un'immagine di rispettabilità e di credibilità all'interno della società. Nelle coppie omosessuali, invece, si mette al centro, più la voglia di condividere un percorso di vita insieme, sentirsi uniti, avere una visione comune della vita, condividere le proprie passioni, godersi la vita, semplificare la gestione della quotidianità allontanando la concezione di sacrificio o di rinuncia che veniva, in genere, deputata alla donna, in quanto, angelo del focolare; in secondo ordine di creare una relazione che poi sfoci nell'adozione di un bambino o nell'utilizzo della riproduzione eterologa, anche se in futuro quando anche in Italia, saranno riconosciute le coppie omosessuali, ci sarà di sicuro un aumento delle famiglie arcobaleno che già attualmente sono presenti sul nostro territorio campano che non sono proprio una minoranza, ma vengono trattate come famiglie di serie b, ledendo la loro dignità. Sono sicuro che i figli non avranno nessuna ripercussione, li ho visti crescere sereni e integrati nella società, anzi hanno un particolarità in più per chi ha due "mamme" o due "papà": sono bambini che esplorano di più l'ambiente sociale, hanno un senso maggiore del rispetto della società, proprio perché viene insegnato loro il rispetto alla diversità dalle prime poppate.

Lo sviluppo armonico di una persona non viene dato dalla presenza di un padre (rappresenta la legge, le regole, l'ordine) e la madre (accudisce, affettuosa, emotiva) ma vi ricordo che all'interno di una persona vi è sempre un maschile ed un femminile (l'Animus e l'Anima, il giorno e la notte, il sole e la luna), quindi ogni essere umano può attivare il suo lato maschile o femminile, basta solo saper capire in che momento c'è bisogno dell'uno e quando dell'altro. Una domanda che sento ripetere spesso sia nei dibatti pubblici che nelle discussioni private: Come fa a crescere un figlio senza un papà e una mamma e io torno a rispondere con un'altra domanda provocatoria: Come fa un essere umano a crescere senza amore, senza le attenzioni dovute, senza il calore umano? Quello che deve preoccupare è la qualità dell'interazione non chi interagisce con il bambino.

La tendenza di avere pochi figli o di non averne affatto è una pratica ormai condivisa sia dalle coppia etero che da quelle omosessuali. La coppia tende a soddisfare i propri bisogni in comune, esaltando una propria visione: viaggiare insieme, arredare i propri spazi, organizzare fine settimana in una beauty farm, visitare centri storici di grandi città, mangiare fuori, andare a teatro, tutto nell'ottica di vivere il momento o la situazione favorevole, senza dovere dare una prospettiva a lungo termine al rapporto. All'interno della società, c'è una crisi del matrimonio tradizionale proprio perché questo ribadisce la differenziazione e non la parità fra i sessi: nelle relazioni omosessuali i ruoli sono alternati e in più c'è una maggiore complicità, in quanto sia a livello sessuale, che a livello di rapporto ci sono maggiori punti di coesione che di distanza che si vivono all'interno delle relazioni eterosessuali: per esempio, il dovere riscrivere dei copioni che già i nostri genitori hanno attuato nella loro gioventù, mentre nel rapporto omosessuale si vive più il momento magico, la situazione favorevole, il vivere momenti di forte intensità e di maggiore semplicità nell' esprimere le proprie esigenze ed i propri sentimenti, senza dover fare un confronto fra come ci si dovrebbe comportare (copioni, status, regole imparate nel proprio contesto familiare, differenziazione dei sessi in ruoli differenti e in vissuti differenti) e il proprio modo di sentire e di vivere la realtà. Queste prerogative fanno sì che i rapporti omosessuali vengano scelti a discapito di quelli "tradizionali" anche se si tratta di rapporti non dichiarati, ma che ormai fanno parte del vissuto quotidiano di molte persone, ma, si fa ancora finta che sia un fenomeno che riguardi una minoranza, affermando questo, non si reputa importante prendere delle misure sia sociali che giuridiche che riconoscano queste relazioni dandole tutta la loro importanza e dignità nella società, mettendo in rilievo che anche la stabilità delle coppie eterosessuali sia in crisi. Ciò è dato come abbiamo precedentemente affermato dal fatto che il vissuto è più concentrato sul vivere il momento, provare delle forti emozioni, lasciarsi andare senza i condizionamenti dei ruoli sociali e sentirsi in relazione per quello che si è senza dover utilizzare un canone imposto dalle precedenti generazioni. Uno dei must dell'unione, nelle coppie omosessuali, è l'avere un maggiore senso di appartenenza e di radicamento verso il proprio o la propria partner, rapporto di maggiore sintonizzazione e un legame legato sul poter vivere insieme dei momenti di profonda apertura e il sapersi prendere cura vicendevolmente in modo leggero e in modo giocoso e non in modo normativo come dettato dalla tradizionale differenziazione dei generi data dell'evoluzione delle storie delle generazioni precedenti. Essendoci pochi riferimenti o modelli della coppia omosessuale all'interno della società, la relazione stessa diventa più autentica e meno viziata dalle aspettative sociali, più vicina al sentire dei due partner.

Ci sarà un giorno in cui ricorderemo quando i gay e le lesbiche si potranno sposare e le generazioni future si chiederanno come sia stato possibile che questo diritto sia stato da tempo negato, come lo è stato il diritto al voto da parte delle donne, della partecipazione politica attiva delle donne, dell'iscrizione all'università sempre da parte delle donne ricordiamo che la prima donna medico in Italia è stata Maria Montessori grande pedagogista che ha dato dignità all'infanzia e ha dato vita al metodo montessoriano basato sulla conoscenza pratica (saper fare) e all'utilizzo di oggetti quotidiani nell'educazione dei bambini. Ci sembra oggi giorno assurdo che una persona per il colore della pelle o per il sesso non possa partecipare alla vita politica del Paese e così sarà un giorno per le coppie omosessuali. Un giorno penseremo: "Come è stato possibile che qualcuno potesse anche solo immaginare di negare un simile diritto a qualcuno perché innamorato di una persona dello stesso sesso. Eh già! Come è possibile? ". Non riconoscere questo diritto vuol dire creare matrimoni non basati sui propri desideri e continuare a scegliere una persona dell'altro sesso e decidere di fingere di essere felici e di accontentare la propria famiglia e la società (matrimonio di copertura o di facciata). Come era una volta che i genitori sceglievano per i loro figli quali persone frequentare e con quali potersi sposare. Oggi giorno sarebbe contro la morale scegliere il partner ai propri figli, quindi, perché non estendere questa regola anche alla libertà di poter far scegliere ai propri figli il sesso del proprio partner? Un altro aspetto importante da mettere in rilievo è che c'è molta promiscuità nei rapporti sessuali all'interno delle coppie omosessuali, proprio, perché si crede poco all'importanza dei sentimenti e si guarda molto al voler appagare i propri istinti sessuali, proprio, perché nella società non c'è una cultura, una tradizione che faccia sì che si legittimino e si rafforzino i rapporti passando da semplici incontri sessuali a relazioni sentimentali, basati sulla reciprocità e sulla condivisione: formando una famiglia, mettendo in comune i propri valori non solo il godimento sessuale, rispettando l'altro e non cercando un partner simile alle fantasie presenti negli ambienti gay: danno importanza ai palestrati, alle persone estremamente curate, favorendo solo l'inclusione di persone che rispecchiano un determinato target. Essere omosessuali non vuol dire essere figo che partecipa alle feste tematiche di fine settimana, che va a manifestare ai Gay Pride, far il contestatore della società attuale e della tradizione, ma essere cittadino libero e rispettoso dell'alterità. Da quello che si evince, nella cultura campana, non c'è ancora radicato il concetto di famiglia gay, con specifici valori, obiettivi con un progetto di vita da realizzare insieme, sono pochi casi in cui le persone riescono a creare spazi e climi familiari genuini dove la persona viene riconosciuta per quello che è, accettata, apprezzata e dando continuità e stabilità alla relazione stessa, non creando relazioni occasionali, che hanno sullo sfondo solo il soddisfacimento sessuale, penso, che sia l'unico modo per favorire l'ingresso nella nostra società di questo tipo di cultura, da parte dei componenti della comunità lgbt. Incrementare i rapporti basati sull'armonia e sull'amore reciproco e non basati sul divertimento e sulla utilizzazione dell'altro per proprio tornaconto. Solo attuando questa pratica si potrà un giorno vedere i propri diritti riconosciuti e tutelati. Non servono manifestazioni pro o contro a questo modo di vivere, ma servono gli esempi di famiglie, di coppie che credono nei valori della solidarietà, della condivisione e non nei valori dello sfruttare l'altro, dell'utilizzarsi a vicenda, contravvenendo davvero ai valori etici della persona umana, non mettendo al centro del rapporto solo il godimento sessuale ma le reciproche esigenze sentimentali. Maggiori esempi di coppie e di famiglie omosessuali che realmente siano radicate nell'amore sono le maggiori risorse, il miglior modo di dimostrare all'altra società che un rapporto rispettoso e salubre sia possibile e che la società stessa utilizzi queste coppie e queste famiglie come risorse e non come modelli da allontanare e da non perseguire. Credo fermamente nelle possibilità e nell'educazione che una coppia omosessuale può dare sia ai propri figli che ai figli delle altre coppie. Il rischio della deriva non è dato dalla affermazione del matrimonio omosessuale ma dalla perdita dei valori fondanti della società stessa all'interno delle coppie attuali siano esse omosessuali che eterosessuali. Valori come l'onestà, la gratitudine, l'amore per il prossimo, l'avere rispetto delle idee altrui, favorire l'espressione della personalità e la crescita della persona in ogni contesto formale ed informale. Sono i valori democratici su cui si è fondata la società fino ad oggi che si stanno sgretolando, l'omosessualità non mette in crisi la società stessa o meglio la riproduzione della stessa. Questa è una risorsa della società stessa. Non è un cancro da debellare, una malattia da curare, invece, di centrare il dibattito attuale se sia lecito o meno questo tipo di rapporto perché non mettere le questioni che stanno rovinando la tenuta del mondo: crisi economica, poca coesione sociale, impoverimento delle famiglie, mancanza di valori favorevoli al dispiegarsi della vita stessa, rispetto per le persone anziane, perdita della riverenza rispetto alle figure genitoriali, ai docenti, alle persone sagge, utilizzo del corpo in tutte le forme, perdita della religiosità, perdita del valore e della dignità umana, seguire solo le logiche del profitto, inconsistenza del lavoro, mancata appartenenza ad un gruppo sociale ben definito (una volta esisteva dopolavoro ferroviario, quello dei dipendenti delle poste), smaterializzazione del posto di lavoro, utente che diventa anche operatore dei propri processi (attivazione disattivazione profili tariffari, gestione linea telefonica, pagamenti on line, utilizzo di carte prepagate, bancomat, carte di credito, profili su social network, su siti di commercio elettronico, gruppi di condivisione: società sempre più liquida, instabile con legami poco stabili e genuini fondati sempre di meno sull'appartenenza del proprio territorio geografico). C'è molta strada da fare e da costruire, ma di certo in soli quattro anni sono aumentate le realtà lgbt creando una rete fra le diverse province fra intrattenimento serale, circoli, convegni, flash mob, incontri in piazza per ribadire la cultura arcobaleno, arcigay e collettivi.

CAP. 1

Chissà se, fino dal momento in cui siamo venuti al mondo, eravamo destinati ad incontrarci. Nati nello stesso ospedale, a soli pochi mesi di distanza, io in pieno inverno e tu alla fine dell'estate, siamo cresciuti divisi soltanto da pochi chilometri, magari abbiamo partecipato alla stessa gita parrocchiale, eppure, fino ai nostri diciotto anni, siamo stati dei totali estranei. Che cosa sarebbe successo se, quel giorno, non ci fossimo seduti accanto alla stessa assemblea, se tu non avessi sospirato ad un certo punto: "Che noia abissale!" e io non ti avessi sussurrato: "Concordo? ". Era una giornata rigida, soffiava la tramontana e dalle nostre bocche uscivano nuvole di vapore. Siamo andati in un bar e ti ho offerto un cappuccino con una pasta. Parlavi con foga e stupore. Ascoltavo assorto, più rapito dalla luce dei tuoi occhi che dalle tue parole. Ti ho poi accompagnato all'autobus e tu, salendo, mentre le porte si stavano chiudendo, ti sei girato e hai detto: "Mi chiamo Luca". "Marco! " ho gridato correndo, ma temo che tu abbia visto soltanto le mie labbra muoversi come quelle di un pesce. Che cosa sarebbe successo se quel giorno non fossi andato all'assemblea, se non ci fossi venuto tu, se ti fossi seduto in un posto diverso? Ti avrei incontrato un altro luogo, un mese più tardi, un anno più tardi? I nostri nomi, i nostri destini erano comunque già legati da un indissolubile nodo o invece eravamo intercambiabili? So soltanto che dal momento in cui, in quel bar, mi hai sorriso dicendo: "Adesso sembro un pupazzo di neve" perché, con il respiro, lo zucchero a velo della pasta ti aveva inondato il viso e qualcosa di profondo era cambiato all'interno di me. Non era il cuore, non era la mente. Dentro di me si era creato uno spazio nuovo che prima non esisteva. In quello spazio c'era un vuoto enorme, un vuoto inquietante, nullificante, che richiedeva una presenza. E quella presenza eri tu. Forse la legge dell'amore non è molto diversa da quella della meteorologia. Come l'aria tende sempre a muoversi da un'area di alta pressione ad una di bassa, così, improvvisamente, in noi si creava questo vuoto. E questo vuoto attirava il vento. Un vento leggero, se la differenza di pressione era poca. Un uragano, se lo sbalzo, invece, era alto. Quando l'autobus scomparve in fondo alla strada, capii che niente più sarebbe stato come prima. C'era il tuo nome dentro di me. Ripetevo il tuo nome in ogni momento della giornata. "Luca, Luca …" era il mantra con cui cercavo di catturare la sua presenza. "È questo l'amore?" mi domandavo camminando per le strade. Questo sentirsi improvvisamente leggeri e pesanti allo stesso tempo? Quando pensavo ai tuoi occhi, alle tue labbra, a quando le avrei baciate, mi sentivo leggero, euforico, ma se mi sfiorava il dubbio che non lo avrei mai fatto, mi sembrava di pesare dieci tonnellate. Chi mi diceva che tu non eri già impegnato? Eri bello, con gli occhi di ghiaccio, pieno di riccioli, avevi un senso di misticismo. E anche se non lo eri, chi poteva garantirmi che mi avresti visto, che non sarei stato per sempre uno dei tanti? Mi ero sempre ritenuto, infatti, un tipo piuttosto solitario, avevo il mio mondo, i miei pensieri ma in questo mondo, in questi pensieri non c'era nessuna fantasia, nessuna eccentricità che potesse interessare. Il suo modo di guardarmi, di sorridermi e di farmi le faccette, riuscivano a penetrare nel mio mondo e tu eri sempre contento di ascoltarmi e di partecipare al mio modo di essere. Non ero abile in nessuno sport, non avevo nessuna passione politica, ma mi piaceva molto la musica che era uno dei tuoi passatempi. Più che a fare la rivoluzione, pensavo soltanto a sopravvivere alla tristezza che mi suscitavano i miei genitori. Volevo diventare grande, volevo essere libero, fuggire a mille miglia da quell'appartamento pulito come una bomboniera, da quei pranzi, da quelle cene, da quelle domeniche in cui non c'era spazio per le mie inquietudini.

Sono Marco e sono un ragazzo solitario anche se in passato, la mia vita non è stata sempre così, c'era un tempo in cui ero molto socievole e consideravo degli amici tutti quelli che ora chiamerei conoscenti, ero davvero un ragazzo adorabile. Fino ai diciassette anni pensavo che le persone fossero tutte dalla mia parte, credevo come tutti che un giorno mi sarei sposato con una ragazza e avrei fatto due o tre figli. Da quando ho conosciuto Luca, tutte le mie certezze sono crollate, anche se sapevo che fra noi c'era più di un'amicizia. Piano piano ho capito che Luca era fidanzato con una ragazza che gli stava sempre intorno, ma ero sicuro che fra di noi gli sguardi, il modo di parlare, le attenzioni che aveva verso di me, mi facevano provare delle forti emozioni ma non avevo il coraggio di dirglielo. Da quando l'ho visto all'assemblea studentesca avevo l'impressione che qualcosa in me stava cambiando, quando ci siamo rivisti nel cortile della scuola ci scambiammo i numeri di telefono ed incominciammo a messaggiare. Ogni volta che lo incontravo sentivo qualcosa muoversi dentro, ci scambiavamo spesso degli sguardi complici, avevo incominciato a capire, che quando mi sedevo affianco a lui, si cominciava a parlare di tutto: di cosa avremmo fatto dopo le scuole superiori, di come organizzare il nostro tempo libero, di come poterci vedere oltre l'orario scolastico. Ci sentivamo al di fuori del mondo, quando, prima di entrare in classe, sul muretto davanti la scuola, passavamo il tempo a ridere e a scherzare, cantavamo le canzoni nostre preferite, a lui piaceva imitare i professori e spesso si creava una crocchia pronta ad ascoltarlo ed io di fronte a lui rimanevo ipnotizzato dal suo modo di muoversi, mentre faceva le caricature dei professori, sembrava che il tempo si fosse fermato ed io scrutavo ogni suo minimo gesto, sentivo che sarebbe stato qualcosa di più di un amico.

Luca era uno studente bravo, diligente ed era ossessionato dalla madre che era insegnante e ogni volta che andava a casa sua ripeteva la stessa frase: " Luca, studiare è importante perché più apprendi, più sai e più un domani riuscirà a cavartela nella vita da solo, senza aver bisogno dell'aiuto degli altri!". Sia Luca che la sorella sono stati sempre due studenti modello e hanno regalato alla loro famiglia tantissime soddisfazioni. Quando andavo a casa loro, mi facevano sentire uno di loro, ossia apprezzavano la mia educazione, ma forse, non avevano ancora capito che un giorno sarei diventato più che un amico di famiglia ma sarei stato il compagno del loro figlio. Luca, oltre ad essere apprezzato dai professori, era anche un ragazzo molto ammirato dalle ragazze. Dopo i sedici anni ha iniziato ad avere molte ragazze intorno, aveva i capelli ricci cotonati, due occhi azzurro chiaro, diversi tatuaggi, due piercing uno sul lobo dell'orecchio sinistro e un altro al di sotto del labbro inferiore, aveva un fisico abbastanza scolpito, il suo odore lo avrei riconosciuto fra mille persone. Luca si era semplicemente divertito con alcune ragazze, con altre c'era stato qualcosa di più serio anche se a quell'età si sa che non si pensa molto all'amore. Non era mai stato innamorato sul serio. Per me, invece, avevo avuto solo due ragazze, mi piaceva stare con loro, ma mi sembrava che io e loro avessimo due mondi differenti. Mi piaceva baciarle e toccarle, mi era capitato di andare a casa di una mia amica, mentre, parlavamo della sua famiglia, mi ha incominciato a guardarmi fisso o ed io ho incominciato a baciarla, ho sentito che per lei ero importante, ero felice ma allo stesso tempo ero confuso, mi sembrava di aver fatto qualcosa che non mi appartenesse. Ci siamo continuati a vedere ma a mano mano che passavano gli anni non ho provato più nessuna sensazione. Anche se ero innamorato di lei, pensavo sempre a Luca. Né io né Luca non sapevamo neppure cosa fosse l'amore vero. Luca stava con delle ragazze ma litigava per delle banalità, poi faceva pace e faceva tanto sesso. Durante l'ultimo anno del liceo Luca era sempre stanco perché stava tutto il tempo con Laura, mentre lui si frequentava con quella ragazza, io continuavo ad andare a casa di Antonina, quella ragazza sapeva veramente capirmi ed un giorno mi disse: "Caro Marco, ho capito che ti piacciono anche i maschi" ed io le risposi: "Mah non credo che sia così!". Io e Antonina trascorrevamo le giornate fra la sua stanzetta piena di cd, ascoltavamo i Nirvana, Led Zeppelin, Marilyn Manson, dopodiché andavamo al cinema a vedere film horror. Una sera che eravamo nella sala di proiezione, lei mi incomincia a toccare sulla gamba ed io incominciai a baciarla. Eravamo sempre più vicini allo stesso modo non sapevo cosa volevo, da una parte mi faceva piacere sentirmi desiderato, dall'altra volevo scappare perché non mi sentivo totalmente a mio agio. Luca continuava a frequentare Laura che l'aveva conosciuta alla fine del penultimo anno ad una festa di piazza ad un saggio, c'era fra di loro un bel feeling. Laura era un'amica che faceva danza con la sorella di Luca, questa ragazza era di un anno più piccola, ma, aveva i modi di una venticinquenne, era molto estroversa e sicura di sé. A volte quando la incrociavo per strada l'avrei voluta incenerire con gli occhi. Non riuscivo a sopportare la sua arroganza, parlava sempre delle sue doti, delle sue uscite e delle volte in cui si era appartata con Luca. Laura era follemente innamorata di lui, anche Luca lo era ma non riusciva a sopportare i suoi scatti d'ira e di gelosia nei confronti delle altre ragazze. Era ossessionata dal fatto che Luca la potesse tradire con qualche sua compagna di classe e non aveva tutti i torti, lui piaceva abbastanza. Laura lo teneva sempre sotto controllo, lo telefonava spesso per sapere dove era, voleva uscire solo con lui al massimo con sua sorella. A volte diceva a Laura che doveva uscire con me e spesso sentivo Luca che litigava con lei e diceva:" Dobbiamo trovare un limite alle nostre uscite perché io devo studiare, tra poco ho l'esame di maturità e mi sto prendendo anche la patente di guida, devo andare a suonare la batteria con gli amici, ho bisogno anche dei miei spazi, mi devo pure riposare". Spesso egli usciva con lei lo stesso anche se non ne aveva voglia, proprio per farla contenta e per non farle pensare che la tradisse oppure che non volesse stare più con lei. A volte telefonava anche sul fisso in continuazione per sapere se Luca stesse a casa o fosse uscito con gli amici, suscitando il nervosismo di sua madre che, senza conoscerla, già la odiava. Per sua madre le ragazze sono state sempre sinonimo di distrazione dallo studio, dalle regole, infatti, gli diceva: "Luca, devi impegnarti di più, hai la maturità. Questa Laura ti sta sempre addosso, ti stressa! Deve pur capire che tu devi studiare e non hai tempo da perdere con lei al telefono! Perché non chiami il tuo amico Marco, che mi sembra un ragazzo a modo, studiate insieme, invece di stare ore ed ore a sbaciucchiarvi nel giardino?". Ero molto contento che la mamma di Luca preferisse avere me in casa, così potevo stare più vicino al mio dolce amore. Anche se Luca, forse, non aveva capito ancora cosa provassi per lui. Ripensandoci bene mi piacevano molto i suoi tatuaggi, una volta me li fece vedere in bagno: sulle gambe aveva un cerbiatto segno di fedeltà, sul braccio destro aveva una bambola a cui la sorella era molto legata, ma, un altro tatuaggio l'ho scoperto tempo dopo. La sua pelle era bianca e candida, il suo profumo sapeva di buono, aveva le mani delicate.

Nel pomeriggio faceva anche allenamento in una squadra di calcio, i suoi muscoli erano sempre tonici, una volta mi chiese di portargli un altro borsone, dove aveva i panni puliti nello spogliatoio. Entrai dove erano le docce e lo vidi per la prima volta da dietro, facevo finta di non guardarlo e lasciai il suo borsone vicino al piatto doccia. Era perfetto anche dal suo lato b.

I suoi ultimi tre anni di scuola superiore li trascorse fra studio, donne, amici, uscite.

Una sera di marzo Luca mi telefonò e mi chiese di fargli compagnia, mi disse che sua madre era felice di ospitarmi a casa sua e che avremmo potuto ripassare le materie per chiudere bene il secondo quadrimestre e di prepararci per l'esame di maturità. Ovviamente la sera potevamo uscire insieme e come avrebbe preso la patente, gli mancava solo l'esame pratico, saremmo andati in giro nei locali a bere e a ballare oppure poterlo seguire nei pub con la sua band quando aveva le sue serate, Luca suonava la batteria.

Sua madre diceva sempre che ero un ragazzo molto educato, a modo, studioso, discreto e timido.

Ogni tanto i miei compagni di classe mi prendevano in giro per la mia riservatezza. Passavo ore in silenzio ascoltando gli altri, senza mai aprire bocca. Per molti ero strano, mentre, per Luca ero semplicemente un ragazzo timido che preferiva starsene più per i fatti suoi che con gli altri. Ero un ragazzo molto ordinato, avevo la mia stanzetta dove c'era tutto il mio mondo. Mia madre mi aveva insegnato a tenere tutto sotto controllo, a mettere i libri a posto, dovevo farmi il letto, dovevo mantenere pulita la stanza. Ero figlio unico ed ero trattato come un re, anche se non mi sentivo ben accettato dai miei genitori che pretendevano sempre di più e non mi dicevano mai una parola buona nei miei confronti, mi sentivo meglio a casa di Luca, forse ero più apprezzato da sua madre che dai miei. A volte essere figlio unico mi pesava molto, il non potermi confrontare con un fratello o con una sorella, restavo per molte ore in silenzio parlando fra di me. Trascorrevo i pomeriggi ad ascoltare musica, a studiare, ad andare al parco con i miei vicini di casa ma mi piaceva ascoltare il silenzio.

Dopo un po' di tempo, durante la ricreazione, Luca e Laura litigarono pesantemente nel cortile della scuola, finita l'ultima ora di lezione prese l'auto e senza chiedermi se volevo un passaggio o meno, sfrecciò via. Una volta arrivato a casa sua riscaldò il cibo che gli aveva preparato sua madre. Quel giorno la madre era andata ad accudire la nonna di Luca e il padre era fuori città per una riunione di lavoro e quindi poteva finalmente rilassarsi sul divano prendendo il posto di suo padre. Questo durò poco perché lo chiamai per ricordargli che nel pomeriggio avevamo un corso a scuola ed egli mi rispose: "Oh cielo! Me ne ero totalmente dimenticato che dovevamo incominciare questo corso pomeridiano per i crediti, ma mi sono proprio avvelenato con quella lì, adesso vorrei starmene al chiuso, da solo, in santa pace invece di dover fare queste tre ore di corso. Aspettami vengo fra mezz'ora, va bene?" ."Veramente, anche io non ho tanta voglia, c'è un bel sole oggi, avrei voluto fare un giro in auto con te, ma sei scomparso! Allora mi vieni a prendere sotto casa, va bene?" e lui mi rispose: "Va bene ti passo a prendere, mi fa piacere, così mi fai compagnia, non ti preoccupare" e riagganciò. Luca arrivò poco dopo sotto casa mia, lui era stato fortunato ad avere dei genitori così generosi, che solo per avere avuto dei buoni risultati a scuola e che una volta che si fosse patentato gli avrebbero regalato anche l'auto e così andò. Come al solito, Luca mi metteva a mio agio, mi sentivo protetto nella sua auto, lui mi diceva: "Marco, Laura mi ha rovinato di nuovo la giornata, mi ha telefonato di nuovo per potermi rivedere. Io, però, non le ho risposto, lei è troppo invadente, vuole sapere sempre cosa faccio e con chi sto". Ogni volta che lui incominciava a parlare, lo ascoltavo con attenzione e osservavo il suo corpo, i suoi muscoli, il suo viso, i suoi capelli, i suoi tatuaggi, mentre, lo squadravo dalla testa ai piedi, rimanevo ipnotizzato, ed egli faceva finta di nulla, ma credo che si sia accorto che provavo dell'interesse per lui.

Arrivati davanti la scuola riprendo il mio zaino pieno di libri, quaderni, della mia merenda, che avevo appoggiato sul sedile posteriore della sua auto, mentre spingevo lo zaino fuori dall'auto, cadde il mio diario dalla tasca laterale che avevo lasciato inavvertitamente aperta. Il diario era andato a finire fra il sedile posteriore e quello anteriore. Prima di incominciare il corso, feci un breve spuntino, dividemmo il mio panino con il prosciutto e con la scusa di volerlo pulire, gli toccai le labbra con le dita. Lui incominciò a ridere e mi disse: "Dai Marco muoviti, dobbiamo entrare!". Quando siamo usciti da scuola, Luca se ne era andato da solo perché aveva poco tempo per arrivare in tempo in palestra. Quando prese la sua borsa per lo sport sul sedile posteriore della sua auto, si accorse che avevo perso il mio diario. Luca, in quel preciso momento, avrebbe voluto riportarmelo subito a casa, ma era molto stanco. Arrivato a casa ricevette la telefonata di Laura che gli chiedeva di uscire e di potersi chiarire. Luca la mandò al diavolo, non ce la faceva più a stare dietro le sue richieste e lo alle sue lune storte. Desiderava solo buttarsi sul letto e dormire per ore. Luca disse fra sé: "Al diavolo queste femmine. Al diavolo Laura! A far sesso è brava, ma è una grande rompiscatole! Non ne posso più! Mi sento tarpate le ali, mi manca l'aria". Quella sera, prima di addormentarsi, stette nel cortile, aprì la sua auto, prese il mio diario, tolse il borsone della palestra perché all'indomani serviva la macchina a sua madre che doveva andare da una sua collega e la sua era dal meccanico. Svuotò anche il cofano perché già sapeva che sua madre ogni volta che prendeva la sua auto poi tornava con la spesa fatta e il bagagliaio pieno di borse. Dopo aver sistemato la sua auto, si fumò una sigaretta, rimase a guardare le stelle, incominciò a pensare che da quando conosceva Laura non si sentiva soddisfatto della vita, non era sé stesso, non riusciva più a comunicare con se stesso. Dopo un po', rientrò e salì nella sua stanzetta, svuotò il borsone mettendo i panni sporchi nel bagno e prendendo quelli puliti dal suo armadio, dopodiché, si stese sul letto e incominciò a pensare tra di sé: "Domani devo riportare il diario a Marco, ma dall'altra parte ero curioso di sapere, cosa ci fosse scritto, in quel momento, pensai infatti alle parole di mia madre che dovevo essere una persona riservata, che, dovevo essere una persona corretta e che non potevo entrare nella vita degli altri. Mi faceva sempre pesare di essere suo figlio, il figlio dell'insegnante, quindi, non dovevo né potevo permettermi di sfigurare".

CAP. 2

Luca era curioso di sapere cosa ci fosse scritto nel mio diario, si ricordò di avermi visto diverse volte con un quaderno, che in realtà era un diario, rifugiarmi in biblioteca e a scrivere. Luca si chiedeva, così come tutti i nostri compagni di classe, che cosa potessi scrivere in quel quaderno. Dall'esterno sembrava un quaderno, nel riquadro avevo scritto il mio nome "Marco '90 ". Adesso lui lo aveva in mano e pensava fra sé: "Chissà Marco, un ragazzo di quasi 18 anni (non li aveva ancora compiuti) perché scrive un diario? Chissà quali segreti ci sono in questo diario, chissà quali amori sofferti per qualche ragazza che non lo considerava vi sono contenuti! Sono curioso! E se Marco avesse avuto anche lui una cotta per Laura, la mia ragazza? Lei ogni tanto mi diceva che lo vedeva mentre ci spiava incuriosito quando ci baciavamo o eravamo insieme e ci tenevamo per mano. Laura era convinta che avesse una cotta per lei ma io credevo lo dicesse per farmi ingelosire, ma la cosa non mi faceva né caldo né freddo perché Marco mi sembrava un bravo ragazzo e per niente interessato a lei. E se invece era come sospettava Laura?".

Luca anche se da un lato sapeva che non avrebbe mai dovuto fare una cosa del genere perché non era giusto curiosare nella vita altrui, aprì il lucchetto. Era bravo nel fare queste cose, in passato, aveva sempre letto il diario segreto della sua sorella, conosceva tutti suoi segreti, anche quelli più intimi, i suoi amori, le sue sofferenze, le sue bugie forse questo lo aveva aiutato a capire meglio la psicologia femminile. Così lesse il mio diario e fu da allora che la vita di Luca cambiò all'improvviso. Luca apprezzava il mio modo di scrivere, avevo incominciato il mio diario dai primissimi giorni dell'anno scorso, insomma, da quando ero diventato amico di Luca e da quando avevamo deciso di uscire insieme, avevo incominciato a scrivere quando avevo dovuto superare il dolore per il distacco dai miei nonni. Scrivevo per superare la mia timidezza che mi bloccava in tutto. Luca mentre leggeva il mio diario pensava: "Ha bisogno di aiuto ma non osa chiederlo per vergogna". Luca si immerse nella lettura del mio diario perché voleva sapere se fossi realmente innamorato della sua fidanzata, ad egli piaceva la mia scrittura, perché era scorrevole, e non riusciva a staccare gli occhi nemmeno per un secondo, senza accorgersi che si stava facendo giorno. I pensieri scritti nero su bianco del suo migliore amico lo avevano rapito. In una notte mi aveva conosciuto meglio di quanto ne aveva fatto in un anno di scuola e grazie a questa lettura che Luca capì chi fossi veramente, il perché sembravo strano a tutti, il motivo del mio isolarmi, del mio starmene solo nel mio mondo.

Quando lesse che io ero innamorato di lui e non di Laura, Luca non riusciva a metabolizzare bene il tutto, leggeva e rileggeva parole e frasi che gli arrivavano diritte al cuore e gli rimanevano impresse. Aveva capito che non ero strano, ma che mi piacevano i ragazzi, che mi piaceva lui. Luca rimase confuso, smise di leggere, non riusciva più a chiudere occhio per tutta la notte e alle sei del mattino si addormentò. Non venne a scuola e a mezzogiorno la madre lo svegliò per dirgli che era tornata e che dovevo alzarmi e che lo avevo chiamato per sapere perché non era venuto più a scuola. Luca disse fra sé: "Ecco, Marco, grazie mamma per avermi ricordato il motivo per cui non ho chiuso occhio tutta la notte". Rimase per un'altra ora a letto a pensare ma in realtà non sapeva su cosa riflettere. Nascose il diario nella sua scrivania si alzò, si vestì e dopo pranzo mi chiamò per dirmi che aveva trovato il mio diario nella sua auto e che me lo avrebbe riportato l'indomani. Nel pomeriggio si rimise a leggere di nuovo tutto. La maggior parte del mio diario parlava di lui, raccontava delle sue giornate, della sua vita, lo descrivevo come il ragazzo perfetto, dagli occhi di ghiaccio e dalla camminata elegante. A Luca colpirono molto quelle frasi ed egli pensò che nemmeno la sua ragazza insieme a tutte le altre precedenti avrebbero potuto scrivere di meglio sul suo conto. A Luca piaceva il mio modo di scrivere che comunicavo sempre amorevolezza verso di lui senza scendere mai nella volgarità, che non avevo fantasie particolari sul mio oggetto di desiderio, ma, avevo espresso in vari passaggi del mio diario che Luca era speciale per me e che stavo bene a trascorrere i pomeriggi e le serate insieme a lui. Sentivo una forza che mi spingeva a rimanere con lui, mi sentivo veramente a casa. Luca sapeva come prendermi. Quando egli stava leggendo il mio diario pensava fra di sé: "Quello che Marco scrive è speciale, se quel diario lo avesse scritto una ragazza, se quelle frasi fossero state prodotte dalla mente e dalla penna di una ragazza, avrei lasciato Laura per stare con lei. Leggevo Amore in quelle righe, un amore così dolce, pacato, riservato, vero, sincero che quasi a stento credevo potesse mai averlo scritto un ragazzo. Se non avessi letto con i miei occhi, non avrei mai pensato che un mio coetaneo, di qualche mese più piccolo di me, sarebbe stato capace di scrivere quelle cose così profonde! ". Luca leggendo quel diario si accorse che quelle parole lo avvolgevano, lo travolgevano, lo emozionavano, a tratti lo commuovevano e gli facevano capire di quanta poca conoscenza avesse nei confronti dell'amore e di aver fatto solo del sesso. Il suo mondo, era stato, fino a poco tempo prima, sesso, litigate pesanti con Laura, le riappacificazioni, i regali che si scambiavano, l'affetto che nutriva per lei ma nulla di tutto ciò si avvicinava minimamente a quello che descriveva Marco. Conoscevo tutto di Luca, riuscivo a capire quando era nervoso, quando era sereno, quando ce l'aveva con Laura. Sapevo se il giorno prima erano andati al cinema, se erano stati ad una festa. Luca, dopo aver letto il diario sapeva che ammiravo il suo corpo, la sua bravura in matematica e mi chiedevo se mai un giorno avrei avuto il coraggio di chiedergli di poter studiare insieme a lui per il compito.

Per Luca potevo essere solo uno amico perché una storia con lui sarebbe stata impossibile. Ero consapevole che fosse etero. Egli amava Laura e lei amava lui. Non avevo mai avuto né ragazze né un ragazzo prima di allora. Mai una storia. Ero sempre stato timido. Fino all'anno scorso non sapevo nemmeno di essere gay, l'ho scoperto quando ho incominciato a frequentare Luca. Piano piano l'ho capito, anche se quando ero più piccolo mi piaceva lo stesso vedere maschi in spiaggia ma mai avrei pensato di innamorarmene, quando vedendolo lo ammiravo e pensavo un giorno di poterlo toccare, abbracciare e baciare. Quando lo pensavo incominciava a battermi forte il cuore e ormai la mia vita ruotava attorno a lui. Il semplice fatto che a scuola potevo vederlo, che potevo scambiare qualche parola con lui mi faceva già stare bene. Ho scritto sul diario di un episodio accaduto pochi mesi fa: sono riuscito a prendere dal borsone, che porta agli allenamenti per il calcio una maglia da calciatore, questa me la sono portata a casa e l'ho indossata nel letto tutta la notte sentendo il suo odore come se lo stessi abbracciando e lo avessi al mio fianco: un modo per averlo vicino. Luca non si era accorto che lo seguivo, che lo spiavo, che ero geloso quando lui e la sua compagna stavano insieme e si baciavano fra una lezione e un'altra, ma Laura se ne era accorta. Desideravo Luca con tutto me stesso. Da quando Luca aveva letto il diario si creava mille problemi, non sapeva cosa più pensare, era rimasto scosso, uno dei suoi pensieri più ricorrenti era: "Chissà quanta sofferenza sta vivendo Marco che mi ama e non può confessare a nessuno il suo amore per paura di essere deriso, si sentiva in colpa. Io ero causa della sua gioia ma soprattutto della sua sofferenza. Ma che colpa avevo? Gli piacevo ma non potevo farci niente e mi convinsi che non era nemmeno giusto che mi sentissi in colpa. Leggendo quelle pagine, però, qualcosa in me era cambiato. Qualcosa dentro di me si incominciava a smuovere, mi sentivo diverso, anche se non riuscivo a capire cosa. Quel giorno mi sentivo turbato, le frasi di Marco mi affollavano la testa e non riuscivo a rimuoverle". Chiuse il diario, il lucchetto e rimise tutto in ordine. Mi telefonò per riportarmi il diario, ma rispose mia madre che gli disse di portarlo stesso nel pomeriggio e glielo lasciava perché dovevo uscire con mio padre e rincasavo per le dieci di sera.

Luca aveva il cuore a mille e temeva che se avessi risposto io lui forse avrebbe riagganciato, non era né spaventato né schifato. Non sapeva descrivere a sé stesso come si sentiva esattamente ma di certo Luca aveva un turbine di emozioni, si sentiva semplicemente la causa della mia sofferenza, voleva aiutarmi e credeva che io non fossi proprio gay ma che mi fossi convinto da quando lo avevo conosciuto. Luca pensava che io fossi un ragazzo come tutti gli altri ma che avevo solo un'ossessione per lui, che magari io avessi poca autostima, che avevo nutrito verso di lui delle fantasie e quindi lo vedessi perfetto alterando la realtà e vedendo solo i suoi lati positivi. Si era convinto che avessi bisogno di una ragazza, che dovevo fare esperienze nuove e che forse stessi attraversando un momento di confusione, di non sapere se desiderare una ragazza o un ragazzo. Egli decise di starmi vicino, di essermi amico e di farmi uscire dal guscio, cercando di convincermi ad uscire di nuovo con una ragazza. Voleva aiutarmi, si sentiva in dovere di farlo, mi vedeva così piccolo, fragile, inesperto, quindi, non sapevo nemmeno cosa significasse baciare una ragazza o farci l'amore voleva riportarmi sulla "retta" strada. Voleva cercare di svegliarmi un po'. Luca promise a sé stesso di non dire a nessuno, nemmeno a me e a Laura di averlo letto quel diario e di cercare di fare finta di nulla. Come se lui avesse violato l'animo di un amico e forse si sentiva ancora in colpa per averlo fatto. Per sentirsi meno in colpa per essere entrato nella mia intimità, incominciò a stringere un bel rapporto di amicizia per potermi far maturare maggiore fiducia in me stesso e per potermi modificare. Attraverso le mie pagine aveva scoperto il mio modo di essere cioè la semplicità, l'importanza dell'essere autentico nelle relazioni, una persona umile, un ragazzo riservato, rispettoso verso tutto e tutti. Secondo Luca sarei stato un amico ideale e un ragazzo modello per qualcuna e qui si sbagliava di grosso.

Arrivato sotto casa mia, Luca era assalito da mille pensieri, arrivò davanti la porta e bussò, lo aprì mia madre, lo fece entrare e si accomodò nel salotto, mentre io mi stavo lavando per prepararmi per andare a trovare un mio amico. Luca lasciò il diario a mia madre dicendo che me lo ero dimenticato nella sua auto pochi giorni fa, bevve il caffè e pensava fra di sé, che ci avrei messo un po' di tempo per prepararmi e scendere di sotto, che sarebbe stato meglio risparmiarmi il fastidio. Sapeva in cuor suo che stavo morendo dalla voglia di vederlo e che sicuramente lo stavo spiando dalla mia camera. Egli non alzò il viso, dopo aver parlato con mia madre di cosa voleva fare dopo il liceo, la salutò, mise in moto la macchina e andò via. Secondo Luca non avendo amici, rimanendo sempre da solo, pensava che non avessi sicurezza in me, che avevo perso il senso della realtà, che mi ero rifugiato nel voler una relazione con lui. Mi era accorto, che lui sapesse qualcosa di me, proprio per il fatto di non avermi aspettato e di avermi lasciato il mio diario senza dire una parola, ma non avevo ancora le prove. Nei giorni successivi, Luca uscì solo con la sua ragazza, si era riappacificato, stava bene con lei ma gli mancava qualcosa, i suoi incontri erano piacevoli ma spesso il suo rapporto con Laura era meccanico. Faceva l'amore, arrivava al piacere, ma tutto finiva nel giro di poche ore. Egli pensava alle mie parole, rifletteva su quello che avevo scritto: oltre al sesso c'era qualcosa di più grande e importante, che una cosa era l'amore e una cosa il rapporto fisico. Secondo lui se non ero mai stato né con una donna né con un uomo come potevo sapere di cosa fosse fatto l'amore quello pratico? Ma che probabilmente io vivevo in un mondo immaginario, che fantasticavo, quindi, vivevo il sentimento in modo meraviglioso e perfetto proprio perché non avevo nessuna esperienza. Egli diceva fra sé: "Marco vive di fantasia e non riesce a vedere la realtà ed io da amico lo devo riportare fra noi esseri comuni mortali, lo devo far scendere sulla terra e fargli superare il suo strano modo di vivere la vita. Sono venuto a conoscenza di questo suo problema e devo fargli dimenticare di me, facendogli conoscere una ragazza". Ritornati a scuola il giorno dopo l'avevo incrociato al distributore delle merende, appena lo vidi sorrisi e gli dissi: "Ciao Luca! Grazie mille per avermi restituito il diario, mi è dispiaciuto che sei andato via subito e …", mi aveva subito interrotto e mi disse: "non mi è costato nulla venire a casa tua ma avevo fretta perché mi aspettavano a casa". Dopo quello che sapeva non riusciva più a fare l'indifferente come prima, tutto era cambiato. Lo guardavo come era vestito, i suoi capelli, i suoi tatuaggi, probabilmente Luca si sentiva in imbarazzo, gli venivano in mente le mie descrizioni che avevo scritto nel diario dove scrutavo ogni centimetro del suo corpo ma lui cercava di far finta di niente e mi disse: "Marco tra una settimana abbiamo il compito di matematica e una simulazione scritta di quello che ci aspetterà per l'esame di stato vogliamo prepararci insieme? Magari uno di questi pomeriggi, quando non abbiamo altro da studiare?". Gli risposi: "Sì, certo" ma cercavo di mascherare la mia felicità. Luca pensava fra sé:" Sono etero, ho una ragazza e io per lui sono solo uno amico", nello stesso momento gli assalivano degli atroci dubbi: "E se con il mio atteggiamento Marco fraintendesse? E se l'ossessione per me aumentasse ancora di più". Gli tornavano in mente quelle pagine di diario dove confessavo di non sapere il mio orientamento, dove scrivevo di non sapere chi ero veramente, che provavo quel sentimento da quando l'avevo conosciuto e che non avevo sentito prima di allora. In pochi mesi stringemmo un legame particolare. Era davvero l'amico perfetto. Lo osservavo, quando leggeva lo guardavo e lo ascoltavo, c'era della complicità, sapevo come non essere invadente, mi reputava un ragazzo in gamba, intelligente, riservato. Quando eravamo in classe ogni tanto lo fissavo e quando si accorgeva di questo mio comportamento, distoglieva lo sguardo, faceva finta di continuare a scrivere, era bello incrociare i suoi sguardi, rimanere in silenzio e infine sorridevo. Luca, si sentiva amato, ma non aveva il coraggio di ricercare il mio sguardo complice in cui seppure non ci si diceva nulla, era pieno di messaggi, di sentimenti. Finita la lezione lui si avvicina a me e mi chiede: "Marco hai capito la lezione? Ti ho visto che eri preso dai tuoi pensieri" ed io gli risposi:" Nemmeno io ho capito bene ma possiamo rivederlo insieme per chiarirci le idee", mentre lo diceva mi sorrideva ma dentro di lui si sentiva scombussolato e dopo un po' se ne andò a parlare con gli altri compagni.

Quando era a casa rifletteva sul mio problema ma piano piano capì che la questione era un'altra e si poneva queste domande: "Ho provato un brivido, una complicità, un sentimento, un qualcosa di grande che non potevo gestire. Provai tanta paura, tanta paura. Cosa mi stava succedendo? Che mi era preso? Forse ero solo suggestionato per le cose che avevo letto e di cui ero a conoscenza. Dovevo calmarmi. Spesso mi guardava e persino un cretino avrebbe capito che quegli sguardi significavano più di quello che sembravano. Sentivo il sentimento che Marco provava per me e il punto era che non mi dispiaceva né mi infastidiva. In realtà avevo paura di provare le stesse cose che lui sentiva per me. Conoscevo i suoi più intimi pensieri. Avevo paura delle conseguenze che un mio sorriso o una mia parola potessero avere su di lui". Dopo qualche giorno mi propose di uscire con la sua fidanzata e le sue amiche, all'inizio dissi di no, dopo un po' mi convinse, avevo capito che Luca volesse farmi conoscere la vita reale, nuove persone. Andammo al cinema, mentre lui stava avvinghiato con la sua Laura io mi misi vicino ad una sua amica, ma con la mente ero altrove. Ero assente e triste. Dopo il cinema andammo a mangiare una pizza con le patatine fritte ed io ero seduto di fronte a lui. Lo guardavo mentre si baciava con Laura, impazzivo dalla gelosia ma facevo finta di nulla, Luca se ne era accorto e mi disse alla fine della serata: "Marco, ti sei divertito questa sera? Ti ho visto particolarmente giù" ed io gli risposi:" E' stata una serata piacevole, ma, sono stanco e ho sonno" poi mi chiese: "Che te ne pare di Cristina, l'amica di Laura?" ed io gli risposi:" La trovo simpatica ma non mi interessa perché sono innamorato di una ragazza che non mi corrisponde ed io non posso farci niente" a quel punto mi continuò a tartassare dicendomi:" Perché non provi a farglielo capire? Al massimo ti becchi un no però almeno ci hai provato" stetti per un po' in silenzio e replicai: "Non è facile Luca. Se le dicessi quello che provo per lei penso che come minimo non mi rivolgerebbe la parola. Non mi degnerebbe nemmeno di un saluto. Lei ha un altro e non potrei mai interessargli io. A me basta il suo sorriso, il suo saluto, parlarle qualche volta". Lui insisteva dicendo: "Ma così vivi un amore finto, un amore platonico. Almeno le fai capire che ti piace? Ma è della scuola?". Stette in silenzio, poi mi disse:" Scusa, sono stato troppo invadente e non avrei dovuto" lo guardai e gli dissi:" La guardo sempre, ogni volta che posso cerco di incrociare il suo sguardo, la fisso alcuni istanti, le sorrido e lei, a volte, ho l'impressione che ricambi ma credo che lo faccia solo perché siamo amici" e lui replicò:" E questa cosa ti fa stare male?", ed io annuii. Dopo un po' aggiunsi: "Quello che provo per lei mi riempie la vita ma come dici tu è una cosa platonica". Lui mi cercava di persuadermi e diceva:" Marco, nella vita non si può vivere di cose immaginarie. Ci si illude e basta. Quando si prova un sentimento per qualcuno bisogna dirlo. Non c'è niente di male ad amare qualcuno. È la cosa più bella del mondo o almeno dovrebbe essere così …". Non gli risposi ed eravamo arrivati sotto casa mia, lo salutai e lo ringraziai della serata trascorsa con lui, con la sua fidanzata e con Cristina, scesi dalla macchina, prima di arrivare alla porta di casa mi girai e lo sorrisi. Luca, tornando a casa sua si ripeteva fra sé: "Come avevo potuto pensare di distrarre Marco portandolo fuori con la mia ragazza? Gli avevo fatto passare una serata di merda e per giunta convincendolo a conoscere Cristina".

CAP. 3

Dopo le vacanze di Pasqua lo studio aumentava perché avevamo l'esame di stato e nei pomeriggi avevamo talmente tante cose da fare che non ci siamo più visti per oltre due settimane, ci vedevamo a lezione ma cercavamo di non incrociare i nostri sguardi, a volte ci sorridevamo, Luca mi fissava dopodiché si voltava. Mi ero accorto che dentro di lui portava qualche macigno, dopo pochi giorni mi invito a uscire con lui in un parco e mi disse che doveva parlarmi con urgenza di alcune cose e che per telefono non poteva accennarmi nulla. Io accettai ma mi sentivo stranito. Mi venne a prendere sotto casa e mi portò in un parco bellissimo dove c'erano degli scavi archeologici, proprio quello in cui ero stato un mese prima a passeggiare e che avevo descritto nel mio diario. Luca sapeva che quel posto mi sarebbe piaciuto e una volta lì ero di buon umore. Parlammo del più e del meno camminando per i viali e arrivati ad uno spiazzo ci sdraiammo sull'erba, era una bellissima giornata di sole. Gli raccontai della mia adolescenza ma ad un certo punto mi bloccò e mi disse:" Sei un buon amico per me Marco, sei sincero con me e sono felice di averti incontrato in questa vita" ed io sorrisi e lo guardai emozionato e poi aggiunse: "Non è giusto che fra noi debbano esserci segreti ed è per questo che ti ho portato qui". Lo guardai imbarazzato e gli chiesi: "Ma che vuoi dire?" e lui disse: "Niente, volevo dirti che ti considero il mio migliore amico" e mi guardava intensamente ed io risposi: "Anche io ti considero il mio migliore amico". In quel momento avrei voluto abbracciarlo, penso che anche Luca lo avrebbe fatto e mi avrebbe detto che accanto a lui non dovevo avere paura di niente e di nessuno perché lui per me ci sarebbe sempre stato. Voleva proteggermi e difendermi, mi vedeva indifeso. Ad un certo momento ruppe il silenzio dicendo: "Ho letto il tuo diario" e lo guardai diritto negli occhi, incredulo, il mio volto cambiò immediatamente espressione e colore, mi alzai e andai via correndo, lui mi gridò: "Non l'ho fatto apposta e ti chiedo scusa, Marco!". Dopo un po' mi raggiunse ed io avevo gli occhi pieni di lacrime, non riuscivo più a guardarlo negli occhi, gli dissi con la faccia nascosta tra le mani e con voce tremolante: "Torniamo indietro per favore me ne voglio andare" ed egli mi rispose:" Va bene, ti riporto subito a casa". Durante il tragitto non scambiammo nemmeno una parola, mentre io piangevo lui pensava fra sé: "L'ho fatto soffrire di nuovo. Sono un mostro". Improvvisamente si fermò con l'auto e mi disse:" Scusami, scusami per tutto ma sappi che io ti voglio bene e che mai nessuno saprà questa cosa del diario. Tu sei il mio amico ed io per te ci sarò sempre anche se nel modo in cui vorresti tu, Marco. Non ti giudico per questo. Quello che hai scritto nel tuo diario mi è rimasto impresso e mi ha fatto riflettere tanto. Ti ho portato qui oggi perché volevo dirti la verità e mi sentivo un verme a far finta di niente. Mi sentivo sleale. Ti voglio bene Marco!". Non aprii bocca e continuai a fissare fuori dal finestrino soffocando le lacrime. Volevo esplodere. Stavo malissimo mentre Luca anche se si sentiva in colpa si era finalmente liberato di quel peso.

Non mi feci vivo per due settimane, Luca mi cercò a casa mia per ben tre volte, ma feci rispondere mia madre dicendo che non ero in casa, ma Luca sapeva benissimamente che non avevo amici e che quindi difficilmente uscivo. Lo stesso a scuola lo ignoravo, mi mandò un messaggio dove c'era scritto: "Non riesci proprio a perdonarmi, vero?" ma non trovai mai il coraggio di rispondergli. Continuai ad ignorarlo ma ero arrabbiato con lui. Luca aveva capito che non mi piaceva l'idea che lui si fosse impadronito della mia vita intima e privata così decise di non dire nulla a nessuno e andò avanti per la sua strada. Un giorno mi incontrò nel cortile della scuola e appena mi vide disse: "Dobbiamo parlare!" ed io gli risposi: "Di cosa? Io e te non abbiamo proprio nulla da dirci". Luca insisteva: "Marco mi dispiace per quello che ho fatto ma prova a metterti nei miei panni per un minuto ..." ed io esplosi: "No, non mi metto nei tuoi panni perché ti sei impossessato di una cosa mia e non dovevi. Che bell'amico che sei Marco, si vede che non ti fidi ciecamente di me. E tutti quei discorsi sull'amore, sulle ragazze? Bel modo di dimostrarmi la tua amicizia! Io non ho mai fatto nulla per metterti in difficoltà". Gli risposi: "Sapevo che non potevo dirti certe cose di me, ma la nostra amicizia era perfetta! Hai rovinato tutto! Sei entrato nella mia vita privata e ti sei stato zitto per tanto tempo, per fare che cosa, Luca? Per mettermi alla prova? Per vedere se ci provavo con te? Per umiliarmi, per cosa l'hai fatto?" mi misi a piangere, presi il quaderno sul banco, lo scaraventai nello zaino e me ne andai in bagno. Mi raggiunse e mi afferrò per un braccio, mi abbracciò, poi, tenendomi per le spalle e guardandomi fisso negli occhi mi disse: "Mi dispiace Marco. Credimi. Ti prego non ignorarmi. Soffro per questa cosa". Stavo in silenzio e gli facevo segno di doversene andare. Luca insisteva: "Non ti ho mai preso in giro. Volevo solo far finta di niente e aiutarti a superare questa cosa perché mi consideravo e ti consideravo un amico. Gli dispiaceva di essere la causa della mia sofferenza e si sentiva in colpa.

Le cose andarono diversamente: egli iniziò a nutrire dubbi su Laura, mise in dubbio tutto, iniziò a ricambiare i miei sguardi in classe. "Marco ho avuto paura non sono riuscito a reggere tutta questa situazione, stavo impazzendo e dovevo dirtelo. Non sono più me stesso da quando ho letto il tuo diario. Non so cosa provo per Laura e cosa per te. So solo che i tuoi silenzi, il fatto che mi ignori mi stanno uccidendo. Non so cosa mi prende Marco però... sento che mi manchi. Mi mancano le giornate di studio con te, il tuo sguardo, il tuo sorriso, i tuoi capelli cotonati, i tuoi tatuaggi, i tuoi occhi azzurri, le tue mani. Mi manca tutto di te". Quelle parole gli uscirono in modo semplice e in modo naturale, non c'era nulla di preparato, era sincero, in quel bagno, Luca si rese conto di quanto fossi importante per lui. Rimasi basito, non sapevo che cosa dire, lo guardai stranito, avrei voluto dirgli tante di quelle cose ma dalla mia bocca non uscì niente. Luca rientrò in classe con una sensazione nuova: da un lato si vergognava e cercava di evitare di guardarmi negli occhi per quello che mi aveva confessato e dall'altro lato si sentiva liberato perché mi aveva detto la verità senza troppi giri di parole.

Il giorno dopo gli mandai un messaggio: "Luca il mio amore per te è talmente grande che io sono disposto anche a fare a meno di te se il tuo cuore non approva né ricambia il mio. Ieri mi hai detto delle cose importanti ma prima di gioire voglio che tu sia sicuro di quello che provi per me. Ti prego, non illudermi. Mi faresti solo del male. Prenditi il tempo necessario per capire veramente cosa vuoi, Marco". Si sentiva confuso, non sapeva cosa fare, quando eravamo in classe lui cercava il mio sguardo ma voleva vederci chiaro. Chiamò Laura e fece l'amore con lei, all'inizio era convinto che gli sarebbe passata la voglia di stare con me ma non fu così, non provò nulla. Si rese conto di voler bene a quella ragazza ma non la amava più.

A scuola con Luca ci scambiavamo sguardi sempre più complici e una mattina di fine maggio mi inviò un messaggio: "Non so se sono normale, impazzito, gay o altro. Di una cosa sono sicuro: io ti amo e voglio stare con te! Solo con te!" nello stesso giorno Luca lasciò Laura spezzandole il cuore e le disse che aveva un'altra ragazza. All'uscita di scuola Luca mi aspettava vicino alla sua auto e quando mi vide da lontano mi sorrise. Quel giorno fummo felici entrambi, Luca si sentiva un altro, si sentiva "pieno". Salimmo in macchina e andammo a mangiare al fast food. Sembravamo due amici di vecchia data ma dentro stavamo esplodendo: aveva voglia di toccarmi ed anche io.

Tre mesi dopo, quando abbiamo fatto per la prima volta l'amore, Luca mi confessò che in quello stesso momento fremeva per la stessa cosa. Mi guardava, mi parlava, desiderava abbracciarmi, baciarmi, accarezzarmi ma lì, in quel fast food, con quella gente non poteva e questa cosa gli faceva aumentare la voglia e il desiderio sessuale. Posso dire che quel giorno abbiamo fatto l'amore con lo sguardo, fra le patatine fritte e le cannucce di Coca Cola, fra due ice cream, i nostri occhi, così intimi, così complici, si sono amati, osservati lì in quel ristorante. Ed è stato bellissimo! Io e Luca da allora siamo una cosa sola, una sola anima, ci siamo amati, voluti bene sul serio, da quel momento ci siamo confortati a vicenda.

A giugno sostenemmo l'esame di stato, lo superammo facendoci il tifo l'uno per l'altro, conseguimmo la maturità a pieni voti, dopodiché decidemmo di andare a mare insieme e scegliemmo la stessa facoltà. Luca mi ha amato come non aveva mai amato nessun altro e nessun'altra in vita sua! Era perfetto per me ed io per lui. La nostra relazione era talmente bella, sana, complice e piena di passione... insomma NOSTRA. All'inizio abbiamo preferito che le nostre famiglie non sapessero della nostra relazione, proprio perché volevamo vivere i nostri momenti magici insieme senza che qualcuno ci osservasse o ci giudicasse. Di solito si pensa che una coppia gay sia una coppia perversa, malata, che faccia sesso dalla mattina alla sera, ma non c'è nulla di vero, io e Luca ci siamo amati oltre ogni cosa. Il nostro amore andava oltre tutto, ci cercavamo incominciando con il messaggio del buon giorno e finivamo con quello della buona notte, ci chiavavamo due/tre volte al giorno, per dirci cosa avevamo fatto durante la giornata e ci organizzavamo per uscire insieme, per divertirci. Si era formato un legame speciale, ci sentivamo parte di un tutt'uno, ci sentivamo una famiglia. La prima volta che lo facemmo fu durante le vacanze estive e fu così romantico, così dolce, così complice, così semplice, come se la natura circostante stesse partecipando alla nostra unione. Luca mi disse, che nonostante avesse fatto sesso con altre ragazze la sua prima vera volta, dove era coinvolto corpo e anima, fu proprio con me, ma mai con nessuna, la prima volta era stata come la nostra prima. Eravamo innamorati, davvero innamorati e avevamo deciso di andare a mare insieme: io, Luca, il mare, la spiaggia e i tramonti.

CAP. 4

Decidemmo di andare al mare insieme, ci affittammo una piccola casa a pochi metri dal mare, con un patio, il giardinetto con le palme e gli ulivi. Il primo mattino lo trascorremmo a pulire la casa, a rifare i letti, andammo a fare la spesa e preparai uno dei piatti preferiti di Luca: la pasta con gamberetti e zucchine con la panna, apparecchiai la tavola con una candela accesa all'interno di un grosso vaso trasparente, prendemmo un vino bianco frizzantino, per secondo gli preparai la frittura di pesce. Stavamo a tavola e ci guardavamo sempre di più, cercai di allungare la mano e gli sfiorai le dita della mano destra e lui disse: "Lo sento che mi vuoi bene, vuoi sentire il mio contatto, adesso mangerò con la sinistra dimodoché possiamo prenderci per mano e parlare con gli occhi". Si sentiva solo il rumore del vento che veniva dal mare, il rumore delle onde che si rifrangevano sulla spiaggia, il rumore delle posate, il frinire dei grilli, all'improvviso Luca mi disse: "Non posso stare senza di te, vorrei condividere la mia vita con te. So che tu mi sai comprendere, che per un bel periodo sei stato in silenzio, ma, hai pazientato per stare con me. Abbiamo un mese di vacanza e possiamo conoscerci meglio stando in questo magnifico posto. Sono contento di averti conosciuto" ed io risposi: "Caro Luca in queste settimane faremo varie esperienze e spero che quest'estate rimarrà impressa nel tuo cuore. Mi piace la tua presenza, sono contento di aver cenato con te, questa sera dormiamo insieme per la prima volta". Dopo cinque minuti squillò il cellulare di Luca ed era sua madre: "Vi siete sistemati? Sono convinta che con Marco non ti caccerai nei guai, adesso, meritate un buon riposo e da settembre incomincerete l'università. Quando hai bisogno di qualcosa di soldi, noi siamo disponibili a darteli. Un abbraccio, salutami Marco, noi ci sentiamo fra una settimana, buon divertimento!". Una volta che avevamo sparecchiato, andammo a dormire insieme, ci tenemmo mano nella mano ed io lo baciai sulla fronte e lui mi abbracciò. Il giorno dopo, ci svegliammo presto, facemmo colazione al bar e ci dirigemmo verso il mare, ci mettemmo al sole su di uno scoglio ed io chiesi a Luca: "A cosa stai pensando?", "Che ho voglia di fare un bagno con te, voglio sentirti vicino". Dopo un quarto d'ora scendemmo dallo scoglio e ci tuffammo a mare, sentivo un senso di libertà, un senso di leggerezza, io feci il "morto" e lui mi sorreggeva, poi mi schizzò l'acqua addosso, nuotammo fino ad arrivare verso il porto turistico, lì ci informammo su come aderire alle escursioni che si tenevano in zona, per poter andare al largo e poter osservare la costa da una altra prospettiva. Prenotammo per il fine settimana, dopodiché, tornammo sulla spiaggia e ci sdraiammo di nuovo per poter prendere il sole e Luca mi ha sussurrato: "Hai voglia di baciarmi, vero? Ti vergogni di farlo davanti a tutti, vero?", "Ti sei dimenticato che noi siamo una coppia un po' diversa dal comune?" Luca incominciò a sorridere e mi rispose: "Non eri tu, quello che mi voleva a tutti i costi ed eri geloso della mia ex fidanzata Laura e adesso che puoi farlo hai paura di cosa pensa la gente?". "Caro Luca, ho tanta voglia di baciarti, ma, preferisco farlo senza qualcuno che ci disturbi", così incominciammo ad incamminarci per tornare a casa per pranzare e per strada gli risposi dicendo: "Bene, ci ho pensato ci baceremo sulla barca, in mezzo al mare e poi ci faremo un bel selfie, che ne pensi? ". "D'accordo, intanto, domani andiamo a visitare gli scavi archeologici, poi, noleggiamo due biciclette e seguiamo il percorso della pista ciclabile, così ci immergiamo nella natura e possiamo ascoltare la musica e fare in po' di jogging, ok?", "Va bene, buona idea! Mi piace coniugare la storia, la natura e il movimento". Nel pomeriggio, ci rilassammo sulla sdraio sul patio, preparammo un cocktail e brindammo alla nostra nuova avventura. Stavamo pianificando la nostra "fuga d'amore" anche se a casa non immaginavano che noi stessimo insieme. Avevamo deciso che dopo averci goduto il mare, ci saremmo immersi nell'area archeologica dell'antica città di Elea, che fu sede di una prestigiosa scuola medica le cui tradizioni e conoscenze sono da molti considerate le radici della Scuola Medica Salernitana, oltre ad avere dato i natali ai filosofi Parmenide e Zenone. Mano nella mano, con lo zaino con tutto l'occorrente: panini, macchina fotografica professionale, acqua e cappellini ci incamminammo per poter ammirare le antiche vestigia, Luca con la sua Nikon le immortalò con i colori del tramonto. Entrammo negli scavi e visitammo l'area che era divisa in tre quartieri: una parte vi era la diga, una torre circolare poggiante su uno scoglio, le mura più arcaiche del VI secolo a.C. che cingevano la città fino a Porta Marina Sud. Superando la porta entrammo nella città e imboccammo la strada che porta verso Porta Rosa sulla sinistra c'erano le Terme Imperiali più avanti l'Agorà che era costituita da una piazza rettangolare delimitata da muri porticati. Passammo davanti ad un impianto termale ellenistico fino ad arrivare alla Porta Rosa e dà lì incominciammo ad ammirare tutto quello che si trovava al di sotto del promontorio, in lontananza si vedeva il mare, sentimmo il vento che ci sfiorava il viso e il sole che ci bruciava la pelle. Ci prendemmo per mano e Luca mi disse: "Questo panorama mi apre l'anima, mi sento in connessione con la natura ed ho te al mio fianco, sei la mia forza, senza di te la vita non ha lo stesso sapore. Senza di te non arriverei a niente, ti ringrazio di esistere". "Adesso sta passando un treno, senti come corre così il mio cuore, caro Luca, sta incominciando a battere forte. Mi sento un tutt'uno con te". Arrivammo fino alla torre normanna ed io preso dall'euforia presi un foglio, scrissi le nostre iniziali, feci un aereoplanino e lo lanciai al vento. Dopodiché mi prese sulle spalle e incominciò a portarmi dalla torre alla Acropoli, dove c'era il piccolo teatro che ancora oggi viene utilizzato per gli spettacoli teatrali. Arrivammo sulle gradinate del teatro, ci abbracciammo e i raggi del sole ci impedivano la visuale di tutto quello che si trovava davanti a noi. Ci sentimmo baciati dalla fortuna per averci incontrato. Mano nella mano arrivammo ad una prima terrazza dove vi era un'area sacra a Poseidone, giungemmo ad una seconda terrazza dove vi era l'altra area sacra dedicata a Zeus, più avanti vi era il Castelluccio punto culminante del sistema difensivo di Velia. Terminammo la visita ritornando all'ingresso dell'area archeologica e ci sedemmo su delle panchine di legno e consumammo le nostre colazioni, incominciammo a discutere su cosa fare della serata. Decidemmo di andare a mangiare una pizza in un agriturismo a pochi chilometri. Una volta arrivati, ci guardammo e ordinammo una pizza formato famiglia e piano piano ce la finimmo tutta, ci scambiammo degli sguardi intensi, pieni di complicità. Sentivo l'odore della sua pelle, gli feci il piedino, per non destare ribrezzo e fare scalpore nel locale. Verso la mezzanotte andammo a dormire e lui mi dedicò una ninna nanna e io dopo due minuti crollai sul suo petto.

Si fece mattino, non avevo voglia di alzarmi, ma Luca, mi tirò giù dal letto, ci facemmo una doccia insieme e dopo un po' mi chiese: "Caro Marco, vorrei che la nostra prima volta ce la ricordassimo per sempre, ho voglia di qualcosa di speciale, credo che sarà l'esperienza più bella della nostra vita". Dopo dieci minuti squillò il telefono di Luca ed era sua madre che gli chiedeva di aggiornarla su come stava procedendo la vacanza: "Mi raccomando Luca la sera non fare troppo tardi, cerca di non bere troppo, quando vai in discoteca cerca di non accettare bevande da nessuno. Mandami le foto sul mio cellulare, voglio vedere se ti stai divertendo o meno e salutami Marco e digli che l'aspettiamo a casa nostra". Chiuse il telefono andammo in spiaggia e decidemmo che valeva la pena di rilassarci al sole mano nella mano, ci guardammo negli occhi e all'improvviso Luca decise di andare in un altro luogo, meno affollato dove poterci baciare, ci tuffammo in acqua senza il costume, era bello sentirsi completamente liberi e il contatto pelle e pelle ci rendeva ancora più complici. Quando siamo usciti dall'acqua, ci asciugammo, ci rimettemmo subito il costume, avevo appena intravisto qualcosa di interessante ma non nei dettagli, ci rimasi un po' male, ci abbracciammo guardando la bellezza del paesaggio. Ero molto rilassato, Luca disse: "Allora, come ti senti stando con me? Ti vedo un po' in sovrappensiero". "Ho paura che fra di noi, tutta questa magia potrebbe improvvisamente scomparire". Luca mi fece appoggiare la testa sulle sue ginocchia e mi accarezzò il capo dicendomi: "Sei il mio piccolo grande amore, nessuno ti lascerà solo, meriti il meglio dalla vita, sei una bella persona ed io avrò cura di te". "Spero che saremmo sempre così innamorati l uno dell'altro, sempre così affiatati". Dopo che avevamo preso il sole, ascoltammo la musica, scendemmo sulla spiaggia e disegnai un cuore con le nostre iniziali mentre Luca prese una canna e disegnò la freccia che rompeva il cuore, poi facemmo una foto di noi due insieme e dietro di noi le nostre iniziali che erano disegnate sulla sabbia.

Tornammo a casa, ci sdraiammo sul patio e preparammo lo zaino per la nostra escursione in barca. Prima di andare a dormire, ci mettemmo a giocare al monopoli, preparammo un piccolo happy hour: Aperol soda, il mojito e coca e rhum con patatine, olive, pop corn. Verso la mezzanotte eravamo crollati, uno di fronte all' altro con le gambe incrociate, avevo il batticuore e mi incominciava a venire la voglia di voler fare l'amore. Ero curioso ma allo stesso tempo era la mia prima volta, non sapevo cosa dovevo fare ma mi sentivo al sicuro con lui, anche per Luca lo era, in quanto era stato solo con ragazze.

Ci svegliammo verso le sette di mattina, prendemmo da mangiare, l'acqua, il cambio, gli asciugamani, la crema solare e ci dirigemmo verso il porto turistico dove ci aspettavano per l'imbarco. Altri giovani mi avevano parlato bene di questa esperienza ed ero abbastanza curioso di sapere e di vedere i paesaggi incontaminati della costa. La partenza era prevista per le 9.30 dal porto di Casal Velino Marina per giungere a Marina di Camerota. Abbiamo costeggiato tutti i paesi, vedendo da lontano, le case, le strade, i promontori, la roccia, la vegetazione mediterranea, gli scavi di Velia, la torre normanna, le varie torri di avvistamento saracene, le spiagge, i lungomari visti in lontananza, i porti, dei vecchi fari. Quando arrivammo alla Baia degli Infreschi vedemmo un pontile di legno con una passerella che andava dalla roccia fino ad arrivare in mezzo al mare, dove le barche dei pescatori ormeggiavano, c'erano delle reti che erano state spiegate su questo piccolo molo. La baia è un porto naturale di straordinaria bellezza, che, in passato, fungeva da ritrovo per i pescatori che delle grotte si servivano per conservare il pescato. Rimanemmo colpiti ed affascinati dalla bellezza dei fondali, dall'acqua limpida, dalle varie sfumature dell'acqua dal verde chiaro all'azzurro più scuro e dall'enorme numero di grotte. Ci fermammo su una piccola spiaggia incastonata fra due piccoli promontori, la sabbia era finissima e quasi bianca, a riva c'erano dei ciottoli bianchissimi, il mare era di un verde sempre più carico a mano a mano che ci si allontanava dalla costa. La vegetazione era selvaggia, gli arbusti erano quasi tutti bassi, la roccia la faceva da padrona, in alcuni tratti vi erano delle insenature e delle vere e proprie grotte: sembrava di essere in paradiso. Facemmo una sosta di due ore, mangiammo a bordo una spaghettata al tonno locale, delle bruschette cilentane, acqua e caffè. Ci allontanammo dal gruppo e dalla spiaggetta ci dirigemmo verso un sentiero e proseguimmo fino al promontorio, noi vedevamo gli altri escursionisti sulla spiaggia Cala Bianca mentre noi eravamo mimetizzati fra gli alberi. Prendemmo le nostre asciugamani e le poggiammo a terra, Luca incominciò a spogliarsi, si tolse la maglietta così potevo rivedere tutti i sui tatuaggi, mi mise il braccio sul petto dove c'era il tatuaggio di una bambola a cui era molto affezionato la sorella, poi si tolse il pinocchietto e il boxer, così lo poteva ammirare in tutto il suo splendore, con i suoi capelli ricci e sul pube che aveva una piccola stella, non aveva un minimo di tessuto adiposo. Non sapevo più cosa guardare per primo e lui sorrise dicendo: "Ehi, ma ti sei imbambolato? Non hai mai visto un uomo nudo? Poi si distese su di me e incominciò a togliermi tutto. Preso dalla voglia incominciai a baciargli sul collo, poi sul petto, sulle gambe e piano pian lui incominciò ad ansimare, poi ci baciammo, lui affondò tutta la lingua dentro di me, ad un certo punto ci mettemmo uno sull'altro e lui mi sussurrò all'orecchio: "In questo momento sei solo mio", di nuovo, incominciai a baciarlo e a toccarlo dappertutto, lui mi prese il capo e disse: "Sei nelle mie mani, quando sei con me, sei al sicuro, sei il mio cucciolotto", "Non posso stare senza di te, mi sento perso, voglio abbracciarti ancora, tu sei la mia roccia". Quell'ora sembrava come se il tempo si fosse fermato e non ci interessava più nemmeno del paesaggio stupendo che avevamo intorno. Sembrava che il tempo si fosse congelato, sentivo il suo odore, avevo stampato nei miei occhi il suo corpo nei minimi dettagli. Sulla gamba sinistra vedevo il tatuaggio a colori di un cerbiatto, per la prima volta lo ammiravo, i suoi occhi erano azzurri come il mare, i suoi capelli erano sempre in ordine anche se erano pieni di salsedine. Ci mettemmo il costume e ci avvicinammo di nuovo alla spiaggia e agli altri compagni di viaggio, l'acqua del mare era limpidissima, in superficie era più fredda per la presenza di sorgenti d'acqua dolce mentre in profondità era più calda. Dopo aver fatto l'amore, ci sentimmo ancora più riposati e leggeri, quando tornammo sulla spiaggia incominciammo a ballare la nostra canzone "Sia Chandelier" in quanto il mio Luca mi aveva promesso che un giorno avrebbe ballato per me con la calza maglia mettendo in mostra tutti i suoi attributi e riproducendo i movimenti del video originale. La giornata stava per terminare, prima di ritornare alla base, facemmo un ultimo percorso, ritornammo sulla barca e da Cala Bianca ci dirigemmo verso Punta Infreschi a vedere come avviene l'attività di pescaturismo. La nostra barca si avvicinò ad una imbarcazione da pesca e vedemmo in diretta il recupero delle reti e la meraviglia di scoprire la bontà e la tipologia del pescato. Al ritorno feci qualche foto ai bellissimi tramonti e al gioco di luci che si creava sul mare e sui ruderi delle torri saracene, guardai il riflesso del sole negli occhi di Luca, era davvero entusiasmato della giornata trascorsa, i suoi occhi sorridevano ed io ero felice e soddisfatto per essere una cosa sola con la mia dolce metà. Rientrammo al porto turistico di Casal Velino, ritornammo subito nella nostra casa in affitto e giocammo a farci il solletico sotto la doccia, ci asciugammo, ci mettemmo in pigiama, ce ne andammo a riposare verso la mezzanotte, per essere in forma il giorno dopo perché ci aspettava un'altra giornata piena di movimento, avevamo deciso di affittare due biciclette e utilizzammo la pista ciclabile, per rilassarci in mezzo alla natura, per fare un bel pic-nic, nel pomeriggio, andammo in spiaggia, cercando di poterci godere il sole di "questa estate così fortunata". Dalla nostra casa di mare, facemmo un chilometro a piedi per arrivare al centro dove affittano le biciclette e prendemmo anche due caschi per essere più sicuri. Avevamo previsto di fare in totale una decina di chilometri, di poterci rilassare sulle diverse spiagge che incontravamo sulla litoranea, rientrare verso le 6 di sera, dopodiché, volevamo preparare una bella piadina con la Nutella, la panna montata e lo zucchero a velo come cena. Arrivammo alla prima spiaggetta, notammo che c'era un fiume che sfociava nel mare, c'erano solo due o tre persone che stavano pescando, sulla parte alta della spiaggia, lontano dal bagnasciuga c'era una coppia giovane che era piena di voglie, tre famiglie che si stavano godendo il sole, una giovane coppia con un cane maremmano e noi che stavamo facendo le foto per poi poterle mandare ai nostri amici, per mostrare cosa avevamo fatto durante la nostra prima vacanza. Dopodiché riprendemmo il percorso e passammo per l'agriturismo, dove eravamo stati a cena qualche settimana prima, poi andammo verso una azienda che produceva le mozzarelle di bufala, decidemmo di comprare la "zizzona", per poi prepararci una bella focaccia con olio di oliva locale, pomodori all'insalata e un po' di origano. Dopo aver visitato l'azienda casearia, ci rimettemmo in cammino e andammo verso un ponte dove passa un fiume che ha un bel letto grande, facemmo altre foto, entrammo in una vigna, facemmo delle foto alla vegetazione, colsi due papaveri e li regalai al mio amore, mentre, egli mi porse un ramoscello di rosmarino. Andammo verso la seconda spiaggia, facemmo una foto ad una torre, ad una cinta muraria, al porto turistico, dopodiché andammo a comprare un bel gelato ad una nota gelateria del posto, con la scusa di toccarmi in viso Luca mi spalmò un po' del suo gelato attorno alla bocca e mi baciò, dopodiché, me lo fece assaggiare un po'dal cono, mi teneva per mano per arrivare ad un posto al fresco in una villa vicino al mare, ci facemmo una foto sotto ad una statua della Madonna, a cui sono molto affezionato, perché da bambino ci andavo molto spesso a parlare con lei e con Dio. Luca mi chiese: "Come fai a sorridermi sempre e all'improvviso diventi cupo? A cosa stai pensando? Cos'è che non va?", "Caro Luca ho paura che tutta questa atmosfera così bella, leggera, si interromperà nel momento in cui ritorniamo alla nostra vita quotidiana, alle nostre famiglie, a come dovremmo farglielo capire che noi siamo fidanzati, che abbiamo intenzione di costruire un rapporto duraturo e magari anche di poter condividere le nostre vite. Chiedo, se sei disposto, a stare con me, non solo a vivere una esperienza fine a sé stessa, cioè che il nostro rapporto si consumi entro massimo tre mesi e una volta tornati ai nostri impegni quotidiani, poi mi molli per un altro?". "Marco ti sei dimenticato che prima frequentavo solo ragazze e da quando ti conosco non riesco a pensare che a te? Non ti preoccupare, non ti lascerò subito, non ti tradirò, mi sono accorto che quello che mi hai dato in questo breve spazio di tempo, Laura non me lo ha dato nemmeno in un anno tutte quelle sensazioni, quelle emozioni che tu mi provochi, adesso godiamoci questa estate, cerchiamo di continuare il nostro giro in bicicletta senza dover fare brutti pensieri, mi raccomando!". Riprendemmo il percorso della pista ciclabile, dopo un poco, ci fermammo davanti a un laghetto, dove c'erano diverse oche, facemmo altre foto e gli lanciammo un po' della mollica di pane, le accarezzammo e Luca disse: "Sembri un bambino, ti emozioni anche davanti ad un semplice animale". Pedalando arrivammo di nuovo, nell'area archeologica di Velia, poco distante di lì, ci accomodammo in un gazebo installato all'interno della pista ciclabile. Mettemmo alla meglio un tovagliolo sul tavolo per non sporcarci e incominciammo a mangiare la focaccia con la mozzarella di bufala e i pomodorini freschi, tutto condito dall'olio cilentano. Mangiando in quella zona piena di pace, circondati dalla storia, dalla natura, ci sentivamo a casa e parlavamo delle applicazioni sul cellulare, di come ci eravamo divertiti a fare l'amore, di com'era bello guardare i tramonti ed abbracciarsi, di aver trovato il coraggio di stare insieme e di fregarsene dei pregiudizi della società, della possibilità da parte di due persone dello stesso sesso di potersi amare liberamente, di poter vivere una vita sana, basata sul rispetto e non solo sul godimento sessuale. Dopo aver finito la nostra merenda, ognuno si distese sulla propria panca e riposammo per una mezz'oretta ed io pensavo a come fosse bello quel luogo incontaminato, tanto silenzioso e l'unica cosa che si sentiva era il rumore del vento, diedi un bacio sulla sua fronte e poi gli dissi di alzarsi e di voler riportare le biciclette e i caschi al negozio dove le avevamo affittate, dopodiché, abbiamo rifatto la stradina per tornare nella nostra casetta, preparammo qualche piadina e per giocare ci cospargemmo di panna montata e Nutella sul mio e sul suo petto e incominciammo a leccarci a vicenda. Era il pretesto per incominciare ad assaporarci di nuovo e dal divano continuammo nella camera da letto.

Decidemmo di organizzarci gli ultimi giorni della nostra splendida vacanza andando ad una festa di piazza e partecipando ad una serata in discoteca a pochi chilometri dalla nostra alcova.

Andammo ad una festa di piazza e trovammo lo spettacolo dei burattini dei fratelli Ferraiolo, che sono dei maestri, costruiscono gli stessi burattini, utilizzano la loro voce, fanno muovere sul palcoscenico. È molto romantico, seguire le vicende di Pulcinella, abbracciati con la persona che vuoi bene, ci comprammo le caramelle al gusto la fragola e al caramello. Ci sedemmo in seconda fila per divertirci, guardando lo spettacolo. Quello che mi colpisce di più è di trovare in diverse storie, aneddoti, i modi di vivere di una volta, del costume campano, che si trasmette di generazione in generazione, di sicuro, questo modo di fare teatro è nel cuore di ogni campano. Ad ogni episodio c'è una scenografia ben curata, delle atmosfere che ricordano tempi passati ma che mette in scena valori ancora attuali. Mi divertivo tanto ad ascoltare la voce di Pulcinella, la sua tenacia, il suo modo di riuscire a cavarsela da varie situazioni spiacevoli. Vicino a Luca riuscivo a sentirmi protetto, ad emozionarmi davanti ad uno spettacolo che impropriamente viene definito per bambini, ci demmo la mano e ci guardammo durante lo spettacolo, poi alla fine decidemmo di comprare anche lo zucchero a velo e due marionette che rappresentavano Pulcinella, le portammo in mano per ricordarci di questo momento di spensieratezza. Ci allontanammo dalla piazza e andammo verso il mare, ci sedemmo su uno scoglio, l'unica luce era data dalla luna. Ci mettemmo a giocare con i burattini ed io gli chiesi: "Caro Luca, spero che mi starai sempre accanto, che sappiamo essere sempre un po' adulti è un po' bambini". Luca mi rispose: "Caro Marco, per me non sei un peso, quando vuoi posso essere anche tuo padre, il tuo amico preferito, il tuo confidente e il tuo amante, non avere paura di mostrare il tuo lato vulnerabile. Ognuno di noi porta dentro di sé il proprio fanciullino ed io sono disposto a farti sentire circondato da tensioni, da carezze, da attenzioni che non hai ricevuto mai". Ci fermammo ad ascoltare il mare ed eravamo felici per quel poco che avevamo fatto quella sera. Ci sentivamo in contatto con noi stessi e in armonia con la natura. Al ritorno ci comprammo un bel gelato e lo mangiammo insieme, fino ad arrivare a finirlo e contemporaneamente a baciarci. Ci eravamo di nuovo stretti l'uno con l'altro e mi disse: "Siamo una squadra fortissimi!!". Una volta finito il gelato, ci sedemmo su una panchina del lungomare ed io mi misi sulle sue ginocchia e lo guardavo e pensavo a quanto era bello e rilassante osservare i suoi occhi e perdersi nel suo mondo interiore e allo stesso tempo sentirsi sorretti per la prima volta nella vita, avere la fiducia che questa persona ti starà accanto e farà parte della tua vita, sapendo che avrà cura di te e che non sia il solito ragazzo che dopo una veloce e fugace avventura, ti lascia nel momento in cui ha finito di divertirsi con te e di sicuro dopo un po' di tempo egli sarà di nuovo alla ricerca di un altro partner per provare soddisfacimento alle proprie esigenze sessuali e non quelle sentimentali.

Era trascorsa quasi tutta la vacanza al mare, avevamo deciso di chiudere in bellezza e di andare in una discoteca per divertirci. Questo locale era pieno di gente, che non si riusciva nemmeno ad avere lo spazio per stare bene in pista. Luca si allontanò da me e andò verso il bar a prendere qualcosa da bere, un ragazzo moro lo aveva notato e incominciò a fargli determinate domande: "Non ti ho mai visto in questo locale, di dove sei? Lo sai che hai un bel tatuaggio, questa bambola chi rappresenta? Vorrei conoscerti, ti posso offrire qualcosa da bere?". "Mi chiamo Luca, questa bambola si chiama Leona ed io ci sono molto affezionato, sono un collezionista di bambole, però anche tu hai dei bei muscoli, quanti piercing hai?", "Due: uno sul sopracciglio sinistro e un altro sul capezzolo sinistro. Adesso te lo faccio vedere" così si sbottonò la camicetta bianca gli mostrò il petto, gli prese la mano e l'invito a toccarlo". Luca accettò da bere, toccò quel ragazzo e incominciarono a flirtare, discutevano di come avevano trascorso le vacanze e quel ragazzo incominciò ad avvicinarsi sempre di più a lui. Ad un certo punto quel ragazzo lo invitò ad uscire dalla sala e ad andare verso i bagni, vidi la scena e mi incominciai ad infuriare, Luca si era quasi abbassato i pantaloni e l'altro lo stava incominciando a toccare da sopra ai boxer. Quando entrai nel bagno gli esclamai: "Sei proprio uno stronzo! Basta uno carino, che ti tocca un poco e tu sei subito pronto a divertirti! Pensi sempre al sesso!". "Scusa ma non ho resistito, comunque voglio solo te, non ti arrabbiare", "Sai sempre come rovinarmi la serata". "Hai ragione, ho sbagliato, ma, mi sento oppresso da te, hai bisogno di troppe attenzioni, ho bisogno anch'io delle mie distrazioni. Adesso già so che stanotte mi porterai il muso". Ci allontanammo dai bagni, arrivammo all'ingresso, feci allontanare quel ragazzo e gli dissi che non doveva più importunarci. Ci sedemmo su di un muretto, vicino vi era un laghetto pieno d'acqua con un piccolo pontile, lo guardai in faccia e egli dissi: "Incominciamo bene la nostra relazione, spero che in futuro non si ripetano altri episodi di questi. Ho paura di perderti, lo so che nel nostro ambiente è difficile essere fedeli, ma noi ci riusciremo!". "Ho solo bevuto un po' troppo e quel ragazzo mi ha fatto venire voglia di divertirmi ed io non ho resistito, ma questo non significa che io non ti ami". "Questa notte preferisco dormire da solo, voglio solo la mia compagnia!". " Dai non fare così, ti voglio abbracciare, cerchiamo di riposare perché domani dobbiamo mettere a posto la casa che abbiamo affittato, fare le valigie e tornare di nuovo alle nostre case". Il giorno dopo, ci svegliammo verso mezzogiorno uno abbracciato all'altro, facemmo colazione, preparammo le valigie, passammo per il lungomare per salutare il posto e per avere impresso l'orizzonte dove cielo e terra si riuniscono.

CAP. 5

Tornammo purtroppo alla solita routine, incominciarono i corsi universitari, io e Luca decidemmo di andare insieme all'università e dividemmo le spese di viaggio cercando di risparmiare, allo stesso momento ci facevamo compagnia. Mi facevo trovare vicino alla casa di una nostra amica, Luca mi veniva a prendere e così andavamo all'università insieme. Durante il tragitto mi rendevo conto che a volte era nervoso nel guidare. Nel tempo libero usciva con i suoi amici andava nei locali a suonare la batteria, mentre noi ci vedevamo per seguire i corsi e per andare a mangiare fuori oppure poter fare delle passeggiate romantiche. Un giorno, gli chiesi: "Ciao Luca vedo che hai tonificato i muscoli, ti sei iscritto in palestra? Vuoi migliorare il tuo aspetto fisico?". "Sì, sto cercando di mantenermi in forma, voglio avere maggiore sicurezza in me stesso, curandomi l'aspetto". "Ok, ho capito, ma adesso anche se stai guidando, non hai voglia di me? A cosa stai pensando?". "Veramente anche se stiamo andando all'università, avrei tanta voglia di fare altro con te". "Si vede dal tuo sguardo, dalla tua voce un po' più scura e si sente nell'abitacolo che sei eccitato. Mi stai provocando vero?". "Beh si voglio vedere se hai sempre la stessa voglia di fare l'amore con me". "Questo lo dovrei verificare io, visto che ci vediamo solo quando andiamo all'università e ci sentiamo la sera al telefono". "Non ti sazi mai, caro Marco hai sempre voglia di vedermi, di parlare, di fare sesso con me, ogni tanto potresti pensare a qualcosa altro?". "Cosa c'è di male caro Luca, se il mio tesoro, solo che ti penso mi si gonfia tutto". "Lo so che ti piaccio e che non puoi fare a meno di me, lo scrivi ogni sera. Adesso però perché mi stai toccando anche mentre guido?". Incominciai a toccarlo da sopra i pantaloni, il suo odore si espandeva nell'auto, ad un certo punto per cambiare aria aprì i finestrini si vedeva dal viso che stava quasi per arrivare. Ad un certo punto mi fermai ed egli mi disse: "Dì la verità, non vorresti seguire quelle lezioni noiose, vero Marco? Sei stato bravo, mi hai fatto rilassare, mi sentivo non po' vago, insicuro, ma adesso mi sento meglio. Ci siamo baciati ripetutamente per oltre due minuti senza che qualcuno potesse disturbarci tanto eravamo in autostrada e potevamo osare. Al ritorno passammo per la casa di Laura, la sua ex fidanzata, si vedeva da lontano che era gelosa e mi pareva che avesse capito che fra di noi ci fosse qualcosa in più di un'amicizia, anche se ancora oggi non riesco a capire come avesse fatto. Andammo a trovarla, era una giornata invernale, faceva molto freddo e c'era la neve a terra. Eravamo stati in auto per un'ora, il tempo di ritornare dall'università e passarla a salutare. Luca scese dall'auto, le chiese come stava, le disse che stava ancora con quella ragazza che aveva conosciuto quando si erano lasciati. Dopodiché si avvicinò verso di me, mi salutò, abbassai il finestrino, lei si accorse che in quell'auto ci eravamo eccitati e aveva riconosciuto l'odore. Laura disse a Luca: "Ma cosa avete fatto in auto insieme? Non è che fra di voi c'è qualcosa, mi hanno detto che avete trascorso le vacanze insieme, vi siete iscritti alla stessa facoltà, quando Marco ti guarda gli si illuminano gli occhi". "Ma no Laura tu fantastichi troppo, lo stai mettendo solo in imbarazzo dicendo questo". "Perché rispondi per lui, non sa difendersi da solo?". "Lo sai che Marco è un ragazzo riservato, non sa proprio cosa risponderti, è rimasto allibito da quello che hai detto. Adesso ce ne andiamo perché dobbiamo tornare a casa che ci aspettano". Ci aspettava l'inverno che era appena cominciato, per questo ero triste ma Luca quando andavamo a seguire una lezione mi portava anche a mangiare la pizza. Verso le due del pomeriggio, finiti gli impegni universitari decidemmo di andare a mangiare in un locale vicino alla nostra facoltà, durante il pranzo ci guardavamo negli occhi e per non farci scoprire dai nostri colleghi ci mettemmo l uno di fronte all'altro e sotto il tavolo ci facevamo il piedino. Ordinammo solo una pizza, dei crocché, degli arancini, la mozzarella di bufala e il prosciutto crudo come antipasto, mentre mangiavamo discutevamo del fatto che in facoltà si passava il tempo solo per studiare, dare esami, procurarsi delle dispense e poi fuggire a casa per poter fare altre cose, noi due insieme a qualche gruppetto eravamo una minoranza cioè che la pensavamo che fosse importante anche condividere gli spazi universitari ed avere un luogo di divertimento e di scambio, anche come stavamo facendo cioè di trovare il tempo di pranzare insieme, andare in copisteria, pagare il parcheggio e fare ritorno insieme a casa per poi sentirsi a telefono o via sms, o su facebook: per rimanere in contatto. Delle volte capitava che Luca si dimenticasse di prenotarsi per un esame ed io lo chiamavo per ricordarglielo, ed egli mi ringraziava e il giorno dopo mi riempiva di baci. Un altro giorno di novembre andammo in un famoso locale dove facevano tutti i tipi di caffè, una volta ordinato io, lui e un'altra nostra collega ci sedemmo su un tavolino e lei cominciò a chiederci: "Come mai voi state sempre insieme? Avete qualcosa di diverso rispetto agli altri ragazzi, mi sembrate una coppia". Luca le rispose: "Ma no, siamo solo amici". Quella ragazza, intanto, mentre sorseggiava il caffè ci guardava e sorrideva sotto ai baffi. La stessa cosa la disse mio cugino che aveva intuito qualcosa, fosse, dal fatto che parlavo sempre di Luca, che andavamo all'università insieme, che ci contattavamo spesso ma non so cosa altro avrebbe potuto farglielo capire, infatti, mi disse: "Marco ti s'è fatto l'amico, vero?" ed io lì per lì non risposi, non sapendo cosa dire, mi sentivo spiazzato. Ci sentivamo davvero prima amici e poi come compagni, a volte, avevamo l'orario dei corsi diversi oppure dovevamo fare delle pratiche di segreteria e capitava che ci incontravamo prima della fermata dell'autobus. Quando mi vedeva si sentiva il trasporto verso di me, mi allungavo sulle punte e lo baciavo vicino alle labbra, sentivo il suo calore che provava nei miei confronti, ci scambiavamo qualche battuta e ci salutavamo, dopo pochi minuti gli mandavo un messaggio con tanti cuoricini. A volte, capitava che non riuscivo a dormire e gli mandavo dei messaggi per avere la sua attenzione e lui mi rispondeva sempre che ero il suo tesoro e che presto avremmo festeggiato insieme il nostro amore. Capitava spesso che durante il tragitto per andare all'università parlavamo anche di come la Chiesa impedisse alle coppie omosessuali di vivere liberamente, di far valere i propri diritti e di poter uscire allo scoperto, di poter esprimere i propri sentimenti anche nei luoghi pubblici. "Sono felice che ho trovato te e mi sento sicuro quando ci sei tu Luca, perché tu sai comprendere i miei stati d'animo, mi riesci veramente a starmi vicino, tu sai riempirmi la vita, anche se in questo periodo ci vediamo poco, perché siamo stressati per gli esami voglio che tu sappia che come abbiamo tempo, come le giornate si allungano ci dedicheremo a noi stessi, ci daremo delle belle sensazioni ed emozioni ne sono certo. Buona notte Luca dal tuo Marco".

Andammo a Salerno per goderci le Luci d'Artista, nella folla notammo diverse coppie omosessuali, eravamo molto contenti di non essere i soli, andammo a vedere nella villa comunale le varie luci e quella che più lo rappresentava era lo scoiattolo, andammo verso il lungomare per vedere i pinguini sugli scogli, eravamo felici di vistare mano nella mano e di festeggiare il nostro primo Natale insieme, decidemmo di andare a mangiare un boccone, dopodiché, io gli regalai un cuscino a forma di cuore, mentre, Luca mi regalò il dvd di Frozen che vedemmo insieme la notte di Natale con una bella torta di mele, ci mettemmo davanti al camino e ci emozionavamo insieme alle scene e alle musiche di questo capolavoro della Disney e ci ripetemmo la frase di Olaf: "Vale la pena sciogliersi per qualcuno...","Ciao a tutti. Io sono Olaf. E amo i caldi abbracci!". Eravamo felici di vederlo più di una volta, ci piaceva la magia di quel film, dopodiché siamo andati a Napoli a comprare le bambole di Anna ed Elsa. La serata trascorsa a Salerno a vedere il mercatino di Natale, avevamo deciso di comprare un ricordo della passeggiata: gli presi una cover di color verde per il suo smartphone ed egli per me un piccolo Babbo Natale per decorare la casa. Andammo a vedere i vari presepi, entrammo nel duomo, pregammo affinché la nostra unione rimanga sempre intatta e duratura, una volta usciti ci baciammo di nuovo, ci prendemmo per mano fino a raggiungere un cortile con una grande fontana, ci sedemmo su una panchina e ci abbracciamo. Tornammo di nuovo verso via dei Mercanti, li decidemmo di comprare le nostre fedine, con un piccolo brillantino, eravamo di nuovo contenti di aver condiviso la voglia di rimanere insieme e di far durare la nostra storia. Luca mi accompagnò a casa e prima di salutarmi mi baciò sulla fronte e mi disse: "Stanotte sognami, ti starò vicino, sentirai la mia presenza dentro di te".

Decidemmo di festeggiare il primo San Valentino a Napoli sotto le luminarie e ci facemmo le foto sotto la scritta "Love", decidemmo di andare sul lungomare e mangiammo una pizza decidendo di tornarci a giugno per partecipare al Gay Pride, Luca disse: "Cosa c'è che non va? Ti sento preoccupato? Cosa ti fa paura?". "Ho paura che tutto questo possa finire, all'interno del "nostro" mondo, è difficile che una coppia riesca ad avere continuità, ad avere una stabilità, di sicuro, eppure se ci amiamo, purtroppo, dovremmo avere a che fare con la società che frena sempre questo modo naturale di essere e di vivere. Chissà se troverai un ragazzo più interessante di me e avrai solo un vago ricordo di me. Non voglio rovinarti la giornata, ma, tutto è possibile". "Adesso viviamo nel presente, nessuno di noi lo può sapere cosa ci capiterà e chi lo può dire che sarai tu a stancarti di me? Come fai ad essere certo che io abbia altre distrazioni? Se questo accadrà a te?". "Perché io sono convinto del fatto che quando stiamo insieme se pure litighiamo o vediamo le cose in modo diverso la vita, alla fine ti cerco sempre". "Va bene Marco adesso cerchiamo di mangiare e di farci una passeggiata sul lungomare, cosa vuoi di più? Abbiamo il mare, ci siamo scambiati gli anelli e non sto cercando altrove". "Vorrei abbracciarti, sentirti vicino", Luca mi prese la mano pagammo e andammo verso Castel dell'Ovo, che rappresenta uno dei luoghi gay friendly, dove persone dello stesso sesso si ritrovano. "Abbiamo trovato una bella giornata di sole anche se siamo a febbraio, riesci ad essere un poco spensierato? Siamo nel borgo marinari, cittadella nostra, non farti tanti problemi". "Sì adesso vorrei vedere gli scavi di piazza Municipio, amo vedere, l'ex porto, speriamo che a breve si apra la nuova stazione della metropolitana". "Va bene, cerchiamo di vedere a che punto sono i lavori, così ti rilassi e scacci via dalla mente questi brutti pensieri". "Con queste luci l'amore sembra nell'aria, anche noi abbiamo un pezzo di cielo, vorrei sventolare la bandiera dell'arcobaleno". Per chiudere il tour romantico andammo in Piazza Plebiscito a pregare e a seguire la Messa serale, dopodiché tornammo a casa e Luca mi disse "Avrò cura di te, ci vediamo presto" così ci baciammo prima di salire sui mezzi che ci separarono ma io lo aspettai fino a quando il treno me lo portò via. Dopo un po' ricevetti un messaggio: "Sono al tuo fianco non avere paura, un bacio, sognami e riposati".

CAP. 6

Io e Luca decidemmo di vederci due volte al mese, ma, ci sentivamo spesso oppure andavamo insieme a seguire corsi all'università, ma avevamo tanti esami da dare, volevamo finire al più presto possibile l'università, ma eravamo sempre complici e ci sentivamo uniti l'uno verso l'altro: volevamo essere una cosa sola. All'inizio lo andavo a trovare al suo paese, che era magico come lui. Quando andavo da lui, non facevo come prima cioè non entravo più a casa sua, ma, preferivo uscire solo con lui. Era primavera e sentivo nell'aria il risveglio della natura, l'odore dei mandarini e dei limoni, con Luca mi sentivo me stesso, finalmente, avevo trovato la mia casa e avevo bisogno di stare solo con lui. Dentro di me, vi era il desiderio forte di volerlo sposare, ma, non avevo avuto ancora il coraggio di dirglielo. Quando uscivo con lui mi sentivo libero di esprimermi senza portare una maschera, il tempo sembrava essersi fermato, mi sentivo nutrito ed era bello essere abbracciato dalla persona che mi aveva fatto sentire davvero importante. "Caro Luca é indispensabile per me pensarti, spesso, mi mancano i tuoi consigli, il saper trovare sempre una soluzione a qualsiasi problematica, il tuo modo di sdrammatizzare. Era il mese di aprile e ci vedemmo alla stazione vicino casa sua, quando l'ho visto arrivare, osservavo il suo modo di camminare, il suo modo di gesticolare, sentivo in me qualcosa allo stomaco, mi sentivo spensierato e sapevo che lui mi avrebbe comprese in tutto, come al solito Luca era attento ad ogni mia piccola variazione d'umore. "Ehi, ti sei convinto di venirmi a trovare, a cosa stai pensando adesso? Già lo so che stai riflettendo sul fatto che dopo questa serata, tu dovrai tornare di nuovo a casa, invece, vorresti venire a dormire da me, vero Marco?", "Sì, proprio così è, ho voglia di te. Voglio condividere la mia vita con te, vivere come le altre coppie senza doversi nascondere". Ci sedemmo sulla panchina della stazione, sentivo il suo alito, i suoi muscoli che erano ancora in tensione dopo esser stato in palestra, i suoi occhi celesti, i suoi capelli cotonati mi facevano sentire rilassato, nonostante, prima di andare da lui avevo tanti pensieri.

Luca aveva un bel cuore, era molto sensibile ed aveva un animo dolce e perspicace. Mi piaceva molto la sua città, dove, si coniuga l'arte, l'archeologia, le attività produttive e si vede la voglia di partecipare alla vita politica e sociale. Ci alzammo dalla panchina della stazione passammo davanti al battistero, passammo davanti ad un ulivo, percorremmo parte di un viale alberato, dove si sentiva un'aria particolare, come se lì ci fosse impressa la sua presenza, il suo "spirito che mi guida", facemmo delle scale e arrivammo su un ponte dove mettemmo un lucchetto con su scritto: "Sei nella mia anima" ci abbracciammo e ci baciammo, dopodiché, tornammo indietro verso la villa comunale, ci facemmo una foto sotto le palme e parlammo di noi due. Pensai fra me e me: "Chi mi capisce come lui? Luca è un ragazzo intelligente, che sa cucinare, viaggiare, ama i tramonti, sa cantare, sa suonare il pianoforte, sa amare, sa capire cosa c'è di bello in ogni luogo e in ogni persona". Quando ci demmo la mano in macchina, mi sentivo libero come se stessi volando, poi, l'ho riaccompagnato a casa e i suoi occhi mi dicevano: "Non vedo l'ora di rivederti e di riabbracciarti di nuovo". Anche se a malincuore, ritornai a casa ma ero pieno di energie positive per riposare e per sperare di averlo di nuovo vicino.

Dopo due settimane ci incontrammo di nuovo vicino alla stazione, mi anticipai, ne approfittai per andare a fare una passeggiata verso la periferia, incontrai un bel cane che mi faceva compagnia, lo accarezzai e piano piano diventammo amici, fino a seguirmi fino alla panchina, dopo un po' arrivò Luca e mi disse: "Dì la verità, ti senti solo e questo cane, lo senti vicino a te, vorresti portartelo a casa, ma non puoi perché i tuoi genitori non sono d'accordo, giusto?". "E come al solito, mi hai letto nel pensiero, sento il cane più vicino a me rispetto a diverse persone che conosco, i miei familiari e a volte anche rispetto a te che mi fai arrabbiare perché hai sempre da ridire sul mio modo di essere, sul mio modo di vedere le cose, mi rimproveri di essere pesante oppure di essere pigro, solo perché tu hai bisogno sempre di uscire, mentre io sono portato più per la riflessione". Anche se ogni tanto mi arrabbiavo con Luca, alla fine dopo pochi giorni, tutto finiva lì e sentivo di nuovo la necessità di stare con lui. Dopo un poco che ci eravamo seduti sulla panchina Luca aveva capito che mi sentivo solo anche s'era presente lì con me. Per sdrammatizzare mi disse: "Sono il tuo eroe, sei il mio piccolo, nulla ti potrà accadere", mentre mi diceva questo incominciò a farmi il solletico sotto le ascelle, per il petto fino a farmi ridere e per un attimo era riuscito a rompere il muro che si era creato fra me e lui. Ad un certo punto lo sentivo sempre più vicino a me e ci abbracciammo, mi sentivo sorretto, mi mise una mano sulla spalla e da quel momento mi sentii di nuovo il suo ragazzo. Sempre su quella panchina parlammo anche della politica, di come l'economia sia stata progettata secondo le esigenze degli amministratori e non dei cittadini, di come bisogna arrangiarsi oggi giorno non avendo un futuro in questo Paese né a livello lavorativo, né a livello dei riconoscimenti dei diritti delle coppie omosessuali. Anche se sono stati fatti molti passi avanti a livello sociale, manca ancora la concezione di famiglia fra due maschi o due femmine che decidano di vivere insieme, di condividere la vita insieme, di non vivere la relazione solo a livello sessuale ma di formare un nuovo nucleo familiare sia come unione di fatto che come unione matrimoniale. Un nostro amico si è sposato in Spagna, ma, la sua unione non è riconosciuta in Italia, a tutti gli effetti, egli potrebbe sposarsi con una ragazza nel nostro Paese promuovendo in questo modo la poligamia: in Spagna è sposato con un uomo e in Italia potrebbe sposarsi con una donna, fino a quando i matrimoni contratti all'estero non verranno riconosciuti e trascritti nei nostri uffici di stato civile. A volte quando dicevo a Luca di sentirmi solo, egli sapeva ascoltarmi anche mentre giocava con il suo inseparabile smartphone ed io gli dicevo: "Come fai ad essere concentrato su quello che dico e nello stesso tempo ad utilizzare i giochi presenti sul tuo smartphone?" e Luca mi sorrideva dicendomi: "Stai certo che ti sto ascoltando, non credere che se gioco non ti sto seguendo, lo so che hai bisogno della mia compagnia". Lo abbracciai e gli diedi un bacio intenso, poi lui mi guardò negli occhi, mi disse: "Caro Marco da oggi io mi prenderò cura di te, sono felice quando lo sei pure tu". Ci rivedemmo, di nuovo, dopo una settimana ed io avevo il batticuore, avevo bisogno di baciarlo, tutto il calore che avevo dentro al cuore si espandeva in tutto il corpo, quella sera lo osservai da lontano, aveva una bella giacca a vento, pensavo fra di me che c'era qualcosa nell'aria di nuovo, di inaspettato, sia il posto dove ci incontravamo, sia la sua presenza erano diventate per me, un modo per sentirmi gratificato, tutte quelle sensazioni piacevoli rimarranno impresse nel mio cuore ovunque io mi trovo. A volte ci capitava di cantare insieme, di passeggiare lungo il viale alberato, dove mi sentivo completamente libero, passeggiavamo mano nella mano e ci guardavamo negli occhi. "Caro Marco a cosa stai pensando?", "Alla prima volta che sono venuto a casa tua, quando hai letto il diario e tu per me eri solo un semplice amico e adesso non riesco a stare senza di te, a volte mi capita di andare in Chiesa e di pregare affinché la nostra unione rimanga solida e duratura, sento una voce che mi dice: questo ragazzo diventerà sempre più importante e con lui riuscirai a creare la tua famiglia".

CAP. 7

Nel mese di giugno, io, Luca e una nostra amica andammo per il lungomare di Salerno e comprammo il kebab, mentre aspettavamo il nostro turno Luca mi disse: "Ti vogliamo bene per quello che sei, ti sei impegnato a perdere peso e a renderti più gradevole per te stesso e per gli altri". Ci sedemmo su di una panchina e mangiammo il nostro kebab e le patatine olandesi, parlammo del lavoro al call center, della difficoltà di vendere i pacchetti proposti dal gestore telefonico, in quanto i clienti sono spesso sfiduciati, oppure hanno avuto brutte esperienze, oppure c'è un problema di ricezione del segnale o di una mancato ammodernamento delle linee telefoniche, la maggior parte degli utenti sono in zone con minima copertura ed il entro il 2020 la fibra sarà estesa anche alle zone non centrali, non commerciali.

Guardavamo le persone che passavano, tutte erano prese dal caos della movida, mentre noi con la nostra amica eravamo intenti a gustarci la cipolla, l'insalata, le patatine del kebab. Dopo andammo verso il lungomare e Luca andò a vedere le cover del telefonino ne scelse una di colore giallo ed era così entusiasmato del nuovo acquisto che lo mise in bella vista per tutta la serata. La nostra amica era contenta di vederci insieme e prima di presentarglielo già aveva capito che non era un semplice amico ma vedeva in noi tanta complicità. All'inizio Luca era diffidente, poi, aveva incominciato a raccontarle come ci eravamo conosciuti, che parlavamo la stessa lingua ed eravamo sulla stessa lunghezza d'onda. Andammo nel centro storico ed io vidi una sedia a forma di sedere di colore verde acceso e un'altra di vari colori con una seduta ampia, fra tanti negozi è stato quello che mi ha colpito di più, io e Luca comprammo le due sedie e una la portai a casa mia e l'altra la utilizzammo per il suo nuovo appartamento vicino all'università. Quando mi avvicinai e la toccai con la mano mi sentii improvvisamente trasportato in un'altra dimensione, in un altro luogo: in un loft o in una mansarda, dove potevamo costruire la nostra vita insieme. Accompagnammo la nostra amica sotto casa sua, ringraziandola della compagnia, mentre noi proseguimmo la nostra passeggiata romantica. Proseguimmo verso il lungomare e ci sedemmo su di una panchina che era in penombra, Luca incominciò a stringermi a sé, con un braccio mi avvolse cingendomi la vita e mi spinse verso di lui, ci ritrovammo uno vicino all'altro e lui mi incominciò a parlare delle sue applicazioni presenti sul suo cellulare, dei giochi che aveva installato, mi fece sentire sorretto, come se volesse cancellare tutte le mie carenze affettive, mi sentivo amato davvero per la prima volta. Ci guardammo negli occhi e ci baciammo, poi, lo baciai sul collo e gli dissi nell'orecchio: "Questa sera fa davvero caldo e la voglio passare tutta a spasso con te". "Certo, ho voglia di fare l'alba con te". Ci incamminammo per la strada parallela al lungomare, Luca mi parlava delle sue storie precedenti che aveva avuto con le ragazze, dicendo, che con una non c'era mai stato a letto perché lo voleva fare solo dopo il matrimonio e lui l'aveva lasciata. Mi diceva che ero più sensibile e più dolce di una ragazza e che lo sapevo far godere per bene. Mi stringeva anche mentre camminavamo, da un lato ero contento ma dall'altro ero preoccupato dalle reazioni della gente che incontravamo per strada. "Marco, perché ti stai allontanano? Hai ancora paura di cosa la gente possa pensare di noi? Sei ridicolo, adesso voglio che mi baci di nuovo, va bene?". Tornammo in macchina e Luca dormiva mentre io lo osservavo e avevo sempre più voglia di abbracciarlo e di toccarlo. Ad un certo punto, si stese meglio nella mia auto, mentre io scesi dall'auto per andare a fare un giro per sgranchirmi le gambe, andai verso un muretto e incominciai a fumare. La mattina presto, lo svegliai, facemmo colazione con cappuccino e cornetto, lui mi sorrise, perché aveva capito che io avevo voglia di fare sesso e non di riposare, mi baciò sulla fronte e mi disse: "Avremo tante occasioni per farlo all'aria aperta".

Ci dirigemmo di nuovo nella parte alta del centro storico, ci baciammo di nuovo, facemmo qualche foto al porto turistico di Salerno, al duomo, ad una vecchia chiesa abbandonata, ci sedemmo su di una panchina che si affacciava sul mare: "Ecco la tua Salerno, con la persona che ami, cosa vuoi di più dalla vita?". "Caro Luca voglio che questi attimi rimangano impressi sempre nei nostri cuori". Lo riaccompagnai alla stazione, quando il treno partì, non volevo lasciarlo, dopo un po' già mi mancava, ma, aspettavo un suo messaggio o una sua telefonata quando sarebbe tornato a casa e si fosse messo a letto per riposare dopo aver trascorso tutta la notte con me. Mi incamminai verso l'auto, presi coraggio e ritornai a casa, mi addormentai con il cellulare in mano dopo aver letto il suo messaggio:" Lo so che non avresti voluto lasciarmi andare via ma che preferivi che io venissi con te, adesso riposa che ci organizziamo presto, sei sempre nei miei pensieri".

Dopo due settimane, ci organizzammo per andare al Gay Pride a Napoli, era una giornata meravigliosa, arrivammo a piazza Dante e proseguimmo con il corteo fino al lungomare in via Caracciolo. I tre carri che erano presenti che rappresentavano i diversi locali gay ci facevano compagnia e ballavamo a ritmo di house music e di disco music. Era bello camminare mano nella mano, baciarsi in mezzo alla strada in pieno giorno, vedere altre coppie dimostrare il loro affetto in pubblico. Ci sentimmo parte di una grande comunità che può rivendicare i propri diritti, di essere parte della società. Affianco a me c'era Luca e gli colorai la faccia dei colori dell'arcobaleno, mentre a me due ragazze mi disegnarono da un lato della faccia un cuore e dall'altro lato due strisce di un rossetto rosso. Raccolsi diversi depliant sia di locali che di sportelli di ascolto per persone lgbt. Ascoltammo seduti a terra e mano nella mano l'intervento di Giuliana De Sio madrina della manifestazione Mediterranean Pride of Naples, donna molto forte che ribadì la priorità dei nostri diritti riconosciuti in Europa anche se qui la Chiesa detta legge anche se stiamo in uno stato laico dopo duemila anni e diventa sempre più ricca e potente.

Al ritorno verso la stazione centrale gli cantai la canzone "Buonanotte giorno" di Gabry Ponte, ci siamo abbracciati e mi ha ringraziato per la dedica. Entrammo in un negozio di giocattoli e gli comprai un cuore grande con le mani, presi un foglio e una penna e gli scrissi una frase: "Sei per me l'essenziale ... Ogni giorno incomincia e finisce pensandoti", andammo in una libreria e gli comprai un libro a tematica gay "Ragazzi che amano ragazzi" di Piergiorgio Paterlini e gli scrissi in una pagina bianca: "Con te mi sento più forte, avrò cura di te ...". Lo accompagnai al treno ed io presi il pullman, era stata una giornata stancante per il caldo e per il cammino ma allo stesso tempo era stata un'esperienza molto liberatoria, da rifare, avevamo avuto la possibilità di potere esprimere la nostra affettività in pubblico.

Decidemmo di passare la serata in discoteca, feci una la sorpresa a Luca. Prenotai un tavolo e lo champagne, creando un piccolo privé. Prima di arrivare nel locale stavamo ascoltando un ragazzo che era di Napoli e che era tutto preso dal suo ciuffo, dal suo modo di vestire, aveva un accento marcato. Noi, invece, avevamo tanta voglia di ballare, volevamo che quella serata rimanesse nei nostri. La voce di Luca mi aveva toccato l'anima, mentre eravamo in mezzo alla pista, mi dice: "Ti va di accompagnarmi a casa mia?". Era bello vedere il mare, sentire l'odore della salsedine, bere davanti a dei gazebo con dei sedili bianchi con le tende. Ci siamo presi due drink, eravamo felici di vedere delle pietre colorate sul bancone del bar che divenivano fosforescenti. Il mio Luca aveva una camicetta bianca stretta, gli occhi erano coperti in parte dai capelli, era davvero bello, avevo paura che qualcuno lo avrebbe circuito, le sue parole mi erano entrate dentro e avevo capito che quella persona sarebbe stata sempre più importante per me. Eravamo arrivati nella sala centrale e ci eravamo diretti verso le gradinate, un addetto della sicurezza ci fece accomodare davanti a un tavolo con lo champagne con il ghiaccio e Luca mi chiese: "Cosa dobbiamo festeggiare?", ed io gli risposi "Ci siamo scambiati le fedine a Salerno nel centro storico, adesso, ci scambiamo le nostre fedi che sono simbolo del nostro amore, dell'impegno reciproco di essere sempre una cosa sola. Adesso brindiamo alla nostra felicità ti chiedo di voler accettare questo anello segno del mio amore e della mia gioia di averti conosciuto, di averti apprezzato, adorato, e che non posso vivere senza la tua presenza". "Caro Marco mi hai stupito, non credevo che tu fossi così coraggioso da chiedermi la mia mano e di non avere paura di creare un legame affettivo, di perdere la tua indipendenza e di impegnarti a non ricercare solo il divertimento sessuale, che è un modo di fare molto diffuso nel nostro ambiente.

Adesso non ho le parole per esprimerti quanto ti sono grato e mi fa piacere averti vicino". Gli altri ragazzi che era in pista, al di sotto di noi, videro la scena e ci fecero le foto e ci abbracciarono, per dimostrarci la loro solidarietà e per condividere le nostre emozioni.

Scendemmo dal privé e un gruppo di ragazzi mi lanciarono in aria, ero felice di aver trascorso una notte, piena di calore, piena di persone provenienti anche da fuori regione. S'era fatta l'alba e andammo sulla terrazza del locale i colori del cielo erano dal bianco, dal rosa all'arancio tenue, il mare si congiungeva con il cielo ed anche la natura era felice ed aveva partecipato alla serata e all'euforia del momento. Lo accompagnai a casa sua e durante il tragitto gli presi la mano e ci guardammo negli occhi, in quel momento, sembrava che per un momento, non ci fossero più problemi nel poter manifestare i propri sentimenti verso la propria persona amata potendolo fare sia in pubblico che nel privato, avendo la possibilità di essere come una coppia eterosessuale.

CONCLUSIONE

Penso che non si debba attendere il momento politico per avere i propri diritti ma bisogna prenderseli, cercando di organizzare insieme o singolarmente dei momenti di affettività in pubblico, le prime volte le persone potranno storcere il naso ma dopo un po' tutti si abitueranno al nuovo modo di fare. Partendo dal basso e dal coraggio che ognuno ci può mettere facendo venire fuori la voglia, i propri desideri, la voglia di poter abbracciare qualcuno, di essere una cosa con gli altri. Essere credenti in Cristo vuol dire accettare tutte le forme che la natura ci ha dato. Essere credenti in Cristo vuol dire essere compassionevoli e misericordiosi, meditare, pregare, ringraziare Dio per il fatto che ci vuole a sé, non ho mai visto in un passo dell'Antico e del Nuovo Testamento, l'istituzione del celibato né che due persone dello stesso sesso non si possano amare. Gesù è stato criticato perché accoglieva gli ultimi: i poveri, i lebbrosi e le prostitute e per questo è stato criticato dai dottori della Legge ancora oggi è così il Papa riconosce il valore delle coppie omosessuali, la Curia Romana e i Vescovi stanno frenando il processo di cambiamento ricordando che pure in Argentina dal 2010 ha vinto lo Stato sulla Chiesa epoche settimane fa anche la cattolicissima Irlanda, è rimasta solo l'Italia e altri nove Paesi europei su ventotto dove i nostri cari Parlamentari scaricano sulla Chiesa stessa da un lato, affermando che ci devono ancora pensare e dall'altra la Chiesa vuole rendere il nostro Paese ancora succube del suo potere temporale e le famiglie credono che la famiglia tradizionale sia la regola, il modo più sicuro per procreare e diffondere la stessa cultura maschilista, sessista e omofoba. Proprio in questi giorni il Parlamento europeo ha votato ed approvato un rapporto sulla parità di genere in Europa, nel quale per la prima volta si riconosce ufficialmente l'esistenza delle famiglie gay.

Gesù vedendo la Chiesa cattolica romana che sarebbe la sua Sposa in questo momento starà piangendo, perché ha dimenticato il significato delle prime comunità cristiane che annunciavano la Buona Novella (evangelizzare) e che portavano alle genti, l'uguaglianza, la libertà dalla schiavitù. Vivere le proprie relazioni sentimentali o sessuali allo scoperto è un modo per rendere dignitosa e libera la propria personalità e la propria vita. <u>In chiusura chiedo a tutti credenti e non di amare e rispettare il prossimo e di non attendere più il riconoscimento dei propri diritti da parte delle Istituzioni ma di avere il coraggio di manifestare i propri sentimenti davanti a tutti senza avere alcuna autorizzazione da parte di nessuno.</u>

II PARTE

Nota dell'Autore

Il flusso di coscienza (stream of consciousness) consiste nella libera rappresentazione dei pensieri di una persona così come compaiono nella mente, prima di essere riorganizzati logicamente in frasi. Il flusso di coscienza viene realizzato tramite il monologo interiore nei romanzi psicologici, ovvero in quelle opere dove emerge in primo piano l'individuo, con i suoi conflitti interiori e, in generale, le sue emozioni e sentimenti, passioni e sensazioni.

Categorizzazione dei pensieri e dei passaggi presenti

Legenda:

(D): Descrizione di un evento, di un paesaggio

(E. C.): Esperienze Corporee

(L.C.): Lavoro Corporeo

(S): Solitudine, Abbandono, Isolamento

(App): Senso di Appartenenza

(Storia): Racconto della Storia d'Amore

(Sogno): Racconto di Sogni, risvegli, immaginazione

(L. R.): Lavoro respirazione

(A. L.): Associazione Libera

(I): Inconscio

(I. I.): Imaginative Involvement

(R): Riflessione

(C): Concetti integranti la Prefazione

Conclusione

DIARIO DI BORDO PERCORSO INTERIORE O STREAM OF COUNSCIOUNESS

(E. C.)

"Io ho la mia voce, la mia personalità"; "Sento il calore dentro fino al plesso solare, mi sento l'amaro in bocca"; "Mi sento trasportato in un altro luogo e sto passeggiando in un viale alberato e respiro bene, ho il vento che mi soffia sulla pelle".

(E. C.)

"Ho freddo gelido addosso, mi sento come se non avessi una fonte di calore, le mani sono fredde! Sento il calore dentro e penso che lui non c'è. E' piacevole sentire la sua presenza nel mio corpo. Non me lo so spiegare. E'allo stesso momento brutto non averlo fra le braccia. Vorrei respirare insieme a lui.

(D)

Mi sono svegliato e sento la sua mancanza, vorrei stare con lui o chiamarlo. Mi sento di cadere in un baratro. Sono un uomo invisibile. Senza le ali per volare.

(E. C.)

Mi sono risvegliato con una voglia di amare come se avessi lo stomaco vuoto. Mi manca e sento dentro di me una musica dentro me "L'essenziale" di Marco Mengoni.

Riporto testo del brano di Marco Mengoni

Sostengono gli eroi
"Se il gioco si fa duro, è da giocare!"
Beati loro poi
se scambiano le offese con il bene
Succede anche a noi
di far la guerra e ambire poi alla pace
e nel silenzio mio
annullo ogni tuo singolo dolore
per apprezzare quello che
non ho saputo scegliere

Mentre il mondo cade a pezzi

io compongo nuovi spazi e desideri che
appartengono anche a te
che da sempre sei per me
l'essenziale

Non accetterò
un altro errore di valutazione,
l'amore è in grado di
celarsi dietro amabili parole
che ho pronunciato prima che
fossero vuote e stupide

Mentre il mondo cade a pezzi
io compongo nuovi spazi e desideri che
appartengono anche a te
Mentre il mondo cade a pezzi
mi allontano dagli eccessi
e dalle cattive abitudini
tornerò all'origine
torno a te che sei per me
l'essenziale

L'amore non segue le logiche
Ti toglie il respiro e la sete

Mentre il mondo cade a pezzi
io compongo nuovi spazi e desideri che
appartengono anche a te
Mentre il mondo cade a pezzi
mi allontano dagli eccessi
e dalle cattive abitudini
tornerò all'origine
torno a te che sei per me
l'essenziale

(R)

La Bellezza non nasce dall'essere "fighi" ma dal sentire qualcosa di speciale in noi stessi che si sprigiona quando si ha una persona pronta a raccogliere la nostra poesia. Mi manchi ma allo stesso tempo non so se ci rincontreremo. Ci toccheremo in profondità. Ti voglio bene sto piangendo ma ti sento vicino. Sei qualcosa di tremendamente dolce e importante. Mi sento amato (pieno del tuo influsso !!)

(Storia)

Mi sento solo, ho di nuovo i brividi di freddo, ho molto sonno, desidererei solo un abbraccio, niente di più. Non mi sento amato. Cerco di darmi da solo quel calore di avere un casa, una dimora, e cerco di stare meglio con me stesso: di "auto amarmi". Ci provo, ma ci sono riuscito veramente? Questa è la domanda che mi pongo. Mi viene da piangere, mi manchi Angelo!

(S)

Mi sento solo, non mi sento più una persona con un valore: mi sento inadeguato, è la realtà. Non ho amici, affetti, amore, sono solo con me stesso (un numero primo). Non sono più quello di una volta. Sono un fantasma.

Ho freddo alle mani, mi manca il respiro, Angelo dove è? E' un fantasma ormai!

(E. C.)

Sento, di nuovo, la sua presenza dentro di me (come se fossi la sua mamma che lo partorisce) mi manchi, sei magico, mi piacerebbe stare abbracciati, ventre contro ventre. Ti voglio Angelo, mio angelo, mio eroe, che maschio mi manchi amò!! Tesoro mio sento calore per tutto il corpo, sento il cuore a mille, se riuscissi a ballare con te (danzare tutti e due bendati e la musica che parte). Penso proprio che le relazioni che abbiamo sono dentro e adesso ne ho le prove.

(R)

Sento dentro di me solo un motivetto. Solo quello perché non arrivo a sentire la musicalità negli altri. Vorrei danzare insieme ad una persona, sono stanco di aspettare amareggiato. La vita cosa ancora vuole da me?

(R)

Vorrei vivere in un luogo dove posso esprimere la mia creatività: "mi trovo in un posto troppo chiuso". Troppo antico, arretrato. Quando esco nel mio paese mi manca l'aria. Non sopporto il modo di fare e di pensare.

(S)

Mi sento solo al mondo, senza una persona che mi stia accanto. Mi sento un fantasma cosa posso fare? Mi sento fuori dal mondo!! Non amato!! Non esiste una persona per me. Ho un buco allo stomaco, nessuno crede in me.

(S)

Mi sento perso, sto a casa ma mi sento solo, in un posto lontano, senza valore. Cerco di impegnarmi in qualcosa. Mi manca Angelo, perché mi hai lasciato solo? Ti voglio bene (tvb).

(Storia)

Sento una forza che mi spinge verso lui e questo mi fa paura: cadere nella sua trappola (prima di essere sedotto e poi di essere abbandonato), che ci posso fare mi prende dallo stomaco. Non lo so quanto di reale c'è e quanto di fantasia. Spero qualcuno me lo faccia capire.

(R)

Mi sento come al solito solo, in un deserto, ma ho molta rabbia dentro. Viviamo in un mondo ingiusto, fatto solo di egoismo, niente amore, non so come incanalare e trasformare la rabbia in amore. Almeno ho ricevuto valore dai maschi anche se non ho un compagno rispetto a quello che mi hanno fatto le ragazze, sempre, pronte a criticare, a ribadire la loro posizione. Mettendomi fuori gioco sempre. Almeno i maschi mi hanno letto dentro e poi si dice che abbiamo meno sensibilità delle donne. Troppi stereotipi!!

(S)

Vorrei sentirmi in comunione con un'altra persona, danzare in due, avere più energia, più vitalità. Non so più chi sono. Vorrei una persona che mi desse un po' di affetto. Stanotte ho sentito la voce di quel ragazzo. Ma non so come, adesso sento che mi chiama. Non so che rispondergli, mi sento un numero primo.

(Sogno)

Vorrei tanto vederlo, oggi sono un po' più sereno e vorrei abbracciarlo davanti a tutti, alla luce del sole, nello stesso viale alberato dove abbiamo passeggiato. Vederci sulla panchina e baciarmelo per un'ora. Sentire il suo odore e respirare insieme. Purtroppo è tutta fantasia. E'un'immagine, invece, che mi incute terrore è che siamo messi in auto, in una strada che porta ad un'altra che alla fine è chiusa e in macchina cerchiamo di baciarci lui mi provoca ed io rimango irretito dopo un po' mi convinco e voglio toccarlo e improvvisamente lui scompare e rimango solo in macchina e osservo i fari della macchina. Dopo non so cosa fare. Mi sento, sedotto e abbandonato. Possibile che per amare debbo soffrire in questo modo? Mi sento solo davvero non me lo merito tutto questo ho 29 anni possibile che non ho un po' di affetto e di amore. Mi manca l'aria e mi viene da piangere. Nessuno se ne accorge dei miei pregi, mica ho solo difetti? "Ti prego Signore, mi sento disperato. Voglio solo una persona, per favore ed è Angelo, solo che lo nomino mi batte il cuore, vorrei, vivere vicino a lui. Vorrei cambiare casa, cambiare vita. Sento il suo calore dentro di me, come faccio a dimenticarlo? Mi sento incompleto senza il suo corpo. Mi viene da piangere, lo voglio baciare. Ho tutto un fuoco dentro. Mi brucia lo stomaco, non so chi sono e dove vado. Mi sento disperso nel tempo, nello spazio. Entrare o no in quella porta? Forse se entrassi ne sarei risucchiato.

(App)

Mi sento perso, senza una casa, vedo sempre quel viale alberato, sento aria più calda, più gradevole da respirare. Mi sento più capito, più a casa, in un posto dove appena ci sono stato 10 volte, rispetto alla casa "mia". (La casa è dove sta il proprio cuore). Non la sento mia devo dire la verità. Voglio trovare una casa e personalizzarmela rendendomela abitabile. Mi sento un ospite in questo posto. Mi sento un accampato, uno che utilizza la casa come dependance. Mi trovo in un luogo inospitale, sgradito. Vorrei riappropriarmi di me stesso, non voglio elemosinare nulla, né di essere alla mercé di tutti. Essere qualcuno per qualcuno. Senza essere giudicato sempre, mettendo in discussione il mio modo di essere.

(D)

Sono stanco di tutto e di tutti!! Meglio soli che male accompagnati!! Mi manca Angelo sono entrato in una chiesa dove c'era un coro in concerto che eseguiva il Requiem di Mozart. Mi sono emozionato, ho pianto, ho sentito la presenza di Angelo e poi di Padre Pio. Ho sentito il fatto di essere il benvenuto, mi sono sentito accolto, come se entrassi in una casa, come un ospite gradito, non giudicato e mi ha detto una voce dall'Alto: "Tu hai dimostrato tutto l'affetto e l'amore per cui Dio ti è vicino sempre. Questo è il tuo grande valore, il sentire le persone e portarle dentro!!". Mi sono sentito arrabbiato per queste parole che non dico mai nei miei confronti. Mi giudico molto, forse!!

(Storia)

Sento il mio piccolo tesoro dentro il mio corpo e contemporaneamente un caldo inaudito. Mi sento come se fossi la sua levatrice. Lo porto nel mio grembo. Mi sento la sua mamma che lo porta nei 9 mesi di gestazione. (Come se questo ragazzo non avesse mai ricevuto lo sguardo amorevole della madre, ma solo critica e distacco, freddezza). Non lo voglio lasciare, mi manca sempre. Sono arrabbiato con il mondo. Lui che non cerca di fare un passo verso di me. Eppure per me è tutto, è il mio cuore. Mi viene da piangere tutte le sere perché rappresenta la mancanza di presenza, affetto, calore. Mi manca anche un altro ragazzo conosciuto in chat lui diceva che ero solo invaghito ma in realtà a distanza di mesi lo penso e ho perso la sua intelligenza, la sua sensibilità e la sua perspicacia nel sapere intercettare i bisogni del suo interlocutore. La bellezza dei suoi occhi intelligentissimi, vispi lucidi. Come del resto, succede con Angelo, che è sempre presente, è come un fuoco che si accende dentro il mio stomaco (avere fame di), come un calore indescrivibile (avere due anime in un solo corpo) più dell'empatia. Non riesco a dimenticarlo, a tradirlo. Quando lo penso mi sento a casa, nella mia dimora, sento un senso di pieno come se fossi sazio come dopo aver fatto l'ultima poppata. Mi sento da lui nutrito (dal suo femminile), completo e felice di guardare il suo sorriso, il suo volto luminoso. Poi sento la sua voce e il mio respiro da solo (automaticamente) si regolarizza. Gli dico: "Ti voglio parlare" e lui, risponde:" Già so tutto di te, pure il motivo per il quale sei venuto da me". Io gli dico: "ti starò sempre vicino, ti voglio bene. Non ti lascerò solo pure nei momenti tuoi più bui. Io ci sono, anche se non stiamo insieme fisicamente, quando ti sentirai solo io verrò da te a confortarti sempre, sei il mio piccolo grande amico. Chissà se ci ritroveremo? Per ora stringiamoci!!".

(Sogno)

Ho sognato che ero nella mia classe (scuola superiore) e che arrivava un'insegnante di inglese con un lavagna luminosa e dice a tutti che è incinta, (ha un grosso pancione) e tutti rispondono in coro: "E che guaio!", mentre, la mia professoressa di matematica risponde: "ma questo è il modo di accogliere la nuova docente, siete degli animaletti e tu (rivolgendosi a me) sei il primo (sta sottolineando la differenza di pensiero fra tre maschi, di cui uno sono io, e la presenza di più di 20 ragazze che son più favorevoli ad avere un bambino per loro). Ho paura di avere un figlio e di non sapergli dare affetto e amore possibile. Ho paura di non sapergli dare qualcosa che non ho mai ricevuto: affetto, amore e considerazione. Ho visto un ragazzo che è molto dolce, molto paterno, molto presente: che va a comprare i pannolini quando sono finiti, il latte, le salviettine imbevute per il suo bambino ed ha l'immagine riflessa di suo figlio nei suoi occhi. Sento la voglia di avere un ragazzo per ricreare quella complicità, quello affetto mancato, ma ancora di più quella felicità dell'incontrarsi, del gioco, della novità. Ho incontrato un ragazzo che mi ha fatto capire l'importanza dell'essere papà, non lo conosco ma già sentivo intelligenza dentro di lui, un qualcosa di pratico, una persona radicata, matura ma ancora adolescente. Sarà una piccola cosa, ma sono contento di averlo potuto conoscere. Mi ha riportato a galla qualcosa: la paura di diventare genitore ma allo stesso tempo ho voglia di dare affetto. Ho bisogno di essere amato, coccolato ma non come un bambino, ma come una persona responsabile, concreta, affettuosa. Sto chiedendo a Dio di aiutarmi nel percorso, mi sento abbandonato a me stesso. Vorrei una persona vicina che mi sappia prendere e portare con mano, con fiducia e amore.

(R)

Mi sono svegliato con il piacere di avere dentro di me questo ragazzo, sembra un fantasma, ma mi permette di vivere meglio, mi sento più forte, più vivo di quanto lo fossi prima. Mi sento un po' di più di calore dentro di me, un senso di musica interna. Non so esprimerlo con le parole. Vorrei condividere con qualcuno questa esperienza, nel raccontare i paesaggi interni.

(Storia)

Vorrei pranzare oppure organizzare per te una cenetta a lume di candela. Solo noi e il resto del mondo fuori. Mi manchi piccolo Angelo, vorrei imboccarti e farti tutte le coccole possibili. Mi piaci tanto. Mi bacio sulla mano, come se lo stessi facendo sulle tue guanciotte. Vorrei strapazzarti dalle coccole, farti il solletico, giocare con te, rimboccarti le coperte, darti il bacio della buonanotte. Risvegliarti e baciarti ancora e farti sentire importante. Mi piace stare con te!! Ti prego!!

(App)

A volte intimità è solo il sapere respirare all'unisono con lo stesso ritmo di respirazione. Sapersi ascoltare e cadere in un quasi sonno mentre l'altro parla. Non significa annoiarsi ma ti seguo e mi immergo in quello che dici, che il conscio e l'inconscio si uniscono in un modo autentico e vero. Ti aspetto sulla panchina tesoro mio!!

(App)

Mi sento solo come al solito, una voce fuori dal coro ma allo stesso tempo ho bisogno di autonomia (voglia di evadere) tipo stare a Zurigo al Carl Gustave Institute di Kusnacht per sentirmi in linea con il mio mondo professionale e dall'altro non sono capace di svincolarmi dalla sicurezza di una casa, di qualcosa di già conosciuto e di già imparato e consolidato. Vedo sempre un immagine di una casa in un viale alberato. Dove posso essere me stesso. Mi sento proprio perso. Sto a casa ma non mi sento più accolto, non mi sento più me stesso. Da oggi mi devo rapportarmi in un altro modo. Mi sento strano come se avessi vissuto in un posto diverso da me come se non ci fosse una linea di continuità fra il mio spazio personale e quello sociale: non mi sento allineato, in una parola spaesato, estraniato sia dai contesti che dalle persone. Vorrei riuscire ad essere qualcuno per qualcuno. Mi sento di nuovo senza una casa. Non so di chi fidarmi, di chi mi accoglie e mi fa sentire parte della sua vita e parte della sua interiorità. Per ora non ho un contenitore devo solo auto contenermi, a volte ci riesco e a volte no ed entra la disperazione e l'angoscia fuori. Penso, infine, di auto gratificarmi con un qualcosa: ad oggi con un dolce, domani con una passeggiata e dopo domani con un oggetto da comprarmi se ho la disponibilità. Parlo e parlo ma è forte il dolore di essere il confidente di me stesso, essere complice solo con me stesso come se parlassi ai vari miei funzionamenti ma oltre a me c'è il buio, l'assenza, il silenzio e il vuoto.

(R)

Vorrei qualcosa di nuovo nella mia vita, qualcosa che mi faccia sentire me stesso. Vorrei abbracciare come al solito Angelo, ma allo stesso tempo mi ripeto fra me: "mi amo tanto" e adesso finalmente sento l'amore per me stesso. Dopodiché mi sento catapultato in un altro luogo, in un'altra casa. Ho voglia di rinnovarmi davvero. Spero di avere la mia casa, come piace a me, con il mio stile, con la mia personalità.

Stanotte ho sognato di aver trovato un lavoro e improvvisamente dovevo riuscire ad aprire diverse porte una dentro l'altra come se non ci fosse mai un'apertura, uno spiraglio. La mia generazione sta pagando tanto in termini umani, sociali ed economici. Ci hanno tolto la vita: l'essere indipendenti. Quattro sono le modalità di essere giovane oggi: 1.essere una/o escort, andare all'estero, essere disoccupati oppure non pagati, andare da un lavoretto ad un altro con contratti finti (precariato del precariato). Di questo passo il Paese è diventato sempre più vecchio in tutto e poco europeista, dalle politiche extra nazionali ha ripreso solo ed esclusivamente l'austerità. Siamo commissariati da tre legislature e nessuno dice nulla (Monti.

Letta, Renzi) e si aspetta da tempo il ritorno del cavaliere come se fosse Mazzini e la Giovine Italia. Comprendo che lui ha tutto in mano dall'editoria alle banche alla finanza. C'è ancora da sottolineare che sono 60 anni di democrazia cristiana in atto ancora oggi.

(C)

Scientificamente ogni essere umano ha una natura bisessuale quindi è capace di fare sesso e di amare persone sia dello stesso che dell'altro sesso. Il comportamento non è dettato da deviazioni del percorso di crescita psico sessuale (come affermava la psicoanalisi), questo concetto è ancora radicato nella società (non è un complesso di inferiorità o paura dell'altro che fa ripiegare l'individuo su se stesso e ricercare piacere con un altro suo simile (come potrebbe accadere durante i 16 18 anni, né una fissazione di uno stadio e una non crescita). Secondo la mia visione uno dei fattori di sviluppo che potrebbero contribuire verso il benessere e la crescita dell'economia è proprio permettere alle persone. Ognuno dovrebbe esprimersi per come è ed avere il diritto di formare una famiglia, non in senso tradizionale e democristiano.

Sessualità è vita ed è uno strumento di comunicazione profonda, mentre, comprare, sfruttare, abusare del corpo di una persona è una cosa da contrastare specie per chi usa violenza sulle donne, sui minori. La sessualità non è un gozzovigliare, come tutte le cose, bisogna utilizzarla con un criterio ma è la maggiore dimensione dove l'Uomo si esprime io direi la dimensione sessuale e spirituale. Queste due dimensioni vanno sempre unite, infatti, Dio ha creato l'amore ma che è carnale, la Chiesa come istituzione vuole offuscare. La dimensione spirituale è quella simbolica, che a sua volta è pure quella sessuale. C'è un modo di dire comune che è molto scientifico quei due fanno l'amore con gli occhi, oppure fare l'amore con il sapore.

 Coniugarsi con una persona non vuol dire solo fare sesso in senso di atto ma vuol dire pure stare sulla stessa lunghezza d'onda (sintonia, empatia). Quando si scambiano degli sguardi per il cervello quello già è un atto sessuale: c'è già la formazione di dopamina tramite l'ammiccamento. Il toccarsi, lo sfiorarsi lentamente produce rilassamento e apertura. Aumenta la risposta galvanica il semplice accarezzarsi fa aumentare la serotonina. Ci si accarezza cosi poco pure fra i non amanti. Dio ama l'amorevolezza, le dimostrazioni di affetto, il puro godimento comunque serve perché se si vive una relazione solo in senso sessuale e non affettivamente comunque è un modo di aprirsi al mondo e di comunicare il tuo stato all'altro quindi in chiusura come si fa a criminalizzare la libertà, l'espressività di ognuno? Chi fa del bene a sé stesso può farlo pure agli altri ma chi vive di mortificazioni della "carne", diventa più acido, più ostile, più giudicante rispetto agli altri. Manchevole, quindi, del famoso comandamento "ama il prossimo come te stesso". Se non ti ami come puoi amare il prossimo? Amare vuol dire sentire l'energia dentro che scorre e farla fluire. Amare Dio vuol dire avere amicizia, affetto ma pure amore ardente, portare un fuoco dentro, sublimare una pulsione sessuale ma sempre da lì viene. Amare Dio vuol dire avere a cuore come lo si fa per la persona amata, spasimare Dio e incontrarlo nella preghiera, nella meditazione, nella Messa, nel canto. Spero che ognuno possa costruire la sua casa secondo le sue necessità e i suoi orientamenti sessuali.

(App)

Le cose che danno luce ad una persona e che la rendono umana sono: la dignità e il sapersi commuovere davanti ad un ragazzo che piange per amore. Bello sentire quegli spasimi e quei respiri rotti che fanno venire la pelle d'oca. Il vero uomo è quello che mostra le sue fragilità non i suoi muscoli. La forza sta nel dire: "senza di te la vita non ha lo stesso colore e sapore!". Caro Angelo non sarò il palestrato ma ho la tua stessa sensibilità che ci accomuna e che ci mette sullo stesso piano, sulla stessa lunghezza d'onda. Anche se non ci sei vicino a me io ho bisogno di te lo stesso. Se mi abbraccio il mio pensiero automaticamente va verso te. E' come un elastico, che torna sempre alla posizione di partenza. Dopodiché sento il calore che parte dallo stomaco e un senso di "essere pieno e sazio" come se mi avessi allattato tu, cibato. Solo tu sai entrare nei miei bisogni profondi dell'Anima. Lo so che puoi arrivarci anche a distanza. A presto, ti voglio bene e non lo vuoi capire.

(Storia)

"Ti penso" in realtà ti sento di nuovo dentro di me. Torna presto, hai trovato una persona che ti sa capire e questo non è semplice da trovare. A distanza di quasi un anno sento il tuo gesto di volermi avvolgere e non farmi pesare il fatto di essere poco tonico ma ho un po' di pancia, Mi hai dato valore davvero e quella zona quando ti penso prende calore che lo porta a tutto il corpo. E' una bellissima compensazione, sembra di stare in paradiso, sereno e amato. Dopo un po' mi hai detto: "ti vogliamo bene" (lui e una mia amica) e io ho sentito di essere importante per due persone che avevo a due passi e adesso li sento vivi dentro di me.

(R)

Mi sento più libero quando scrivo, come se le mie parole avessero un valore inestimabile, come se per un momento quello che esprimo rimanga anche scritto nei cuori degli altri, come se ogni destinatario fosse partecipe "del mio viaggio, della mia discesa negli Inferi, nei sotterranei dell'anima. Mi sono accorto che, forse, ne vale la pena andare ad aprire "le finestre" e "le porte" di alcune stanze del mio Essere. A volte ti ritrovi con una barca nel bel mezzo di una tempesta e non sai dove le onde ti portano e dove approderai. Quello che è sicuro e che posso darmi è tutto l'affetto che mi è stato negato. A volte, sono arrabbiato con tutti per non essere stato ricambiato sentimentalmente e di essere stato al centro delle loro attenzioni. Questo mi porta a vagare e a non avere un porto sicuro, forse, l'unico momento più bello e sereno è il saper ascoltare il mio respiro, sentire il calore che ho imparato a regalarmi specie quando mi sento perso. Rimanere nell'incertezza non è un compito semplice ma ai miei occhi mi sento importante, sento la mia nobiltà d'animo. Posso essere un ragazzo sensibile e profondo, che scende nelle proprie e altrui oscurità (Ombra). Posso essere preciso, palloso e perfezionista ma ho la capacità di portare amore, speranza e presenza nei cuori di chi mi è vicino. Oggi giorno l'idea del bello (estetica), viene trascurata con un concetto di apparire, la bellezza dell'anima è qualcosa che ti spinge a superare ogni barriera, ti fa vivere l'ebbrezza della vita, senti l'energia che scorre dentro in tutto il corpo. Conoscere se stessi è l'unica strada per sentirsi pieni di energia, luminosi, amorevoli (capaci di dare calore). Chiudo gli occhi e vedo i tuoi occhi, la tua anima che è vasta, un oceano di sensibilità, di dedizione per la musica, la tua passione per la tecnologia, l'affetto che dai ai tuoi amici, l'altruismo, il cercare sempre una soluzione ad ogni problema. Questo ti può fare solo onore, sei una persona speciale, una persona da guardare, da cercare. A volte nei piccoli gesti sono racchiuse le migliori intenzioni, che fanno di questa vita un giardino dove poter respirare.

Devo decidere chi voler essere. Compito arduo ma che mi rende di sicuro più maturo. Per ora sento la mia dolcezza nel vivere con gli altri, nel condividere gioie e dolori, e questo mi fa commuovere e allo stesso tempo mi sento una piccola goccia presente in ogni persona che incontro. Nell'umiltà e nella perseveranza, spero che qualcuno si avvicini alla mia sensibilità, al mio sentire, di modo che possa ripartire nel viaggio e prendere una rotta verso un porto sicuro. La mia ricchezza interiore è il motore della mia vita. In questo motore la tua immagine è il timone della barca. Sei la prima persona che mi ha fatto aprire nuovi orizzonti, mi ha fatto conoscere parti importanti di me. Un abbraccio che mi dò è come se ci fossi tu vicino a me. Solo con te riesco a specchiarmi. Sei una parte di me.

(Sogno)

Ho sognato che un medico legale chiamava a casa per avere informazioni sulla salute di mia nonna: metteva in dubbio che lei dovesse percepire la pensione di invalidità. Volevano rivisitarla ed io gli ho dovuto rifare tutta l'anamnesi. Improvvisamente ho sentito che qualcuno voleva tradirmi, ad un certo punto mi sono svegliato e sono dovuto andare in bagno. Dopo un po' mi sono rimesso a letto. Ho associato la voce di mia nonna che ho perso (mi è morta anni fa) e l'immagine che lei si stava mettendo a posto i farmaci a modo suo, ma mia zia mi chiedeva come e cosa dovesse prendere. Dopo un po' ho sentito la voglia di abbracciare Angelo, ho preso un cuscino e me lo sono messo intorno, avevo la stessa sensazione di quando è morta mia nonna: mi sono rannicchiato nel letto. Penso che in questo momento Angelo sia in pericolo e ha bisogno di qualcuno vicino, di sicuro, cercherò di mettermi in contatto. Sono preoccupato per lui. Qualcuno sta tramando contro di lui, o sta passando un periodo nero. Sono proprio agitato per lui, ma non posso fare nulla solo pregare per lui, mi manca tanto. C'è un forte collegamento tra mia nonna che mi ha cresciuto e lo stesso Angelo, intanto, non so però il perché e il come di questo collegamento. Cosa hanno in comune? Dovrò scoprirlo!

(R)

Adesso è buio, faccio un bilancio di tutta la giornata, mi sono rimasti in mente due momenti: quando sono stato al coro e le forze mi abbandonavano, mi sentivo solo e incompreso. Un secondo momento quando sono uscito ho ricominciato a camminare e a sentire il mio corpo. In quel posto mi sentivo una comparsa e mi sono sentito un fantasma e ho cercato, nonostante tutto di reagire. Mi sono sentito escluso. Da oggi cercherò di essere meno tiranno verso di me. È una società di numeri primi e di narcisisti, pieni di egoismo è non vedo un'azione per l'altro. Un condividere, uno stare con, in unione pacifica. All'interno delle micro relazioni vi è una sorta di ritorno alla vita primitiva (un clan contro un altro, specie in un periodo di recessione). Cosa mi rimane? Solo un sogno, forse, rimarrà tale proprio perché ci sono tante maschere ma poche persone, le relazioni sono false, c'è la paura di fidarsi e la voglia di non dipendere da nessuno: una sorta di gara a chi è più single. Si parla solo di escort, di sesso facile, di social network, di applicazioni ma raramente si rientra nel proprio mondo interiore. Mi è capitata una parentesi di scavo e di emozioni forti le quali mi hanno fatto capire e conoscere un mondo sotterraneo di me stesso che mi era sconosciuto.

Questa parte lontana dalla coscienza mi ha spinto a cercare un posto dove essere me stesso, una dimensione al limite fra realtà e fantasia dove esprimermi per quello che sono.

(C)

Con il termine fantasia si vuole indicare non andare al di fuori del reale ma riuscire a far vivere la propria creatività, sentire le proprie emozioni, il calore, la forza, l'Amore che cerco di portare con me. A volte è difficile sapersi amare e farlo per tutte le ventiquattro ore. Abbiamo bisogno come esseri umani di essere riconosciuti, di essere coccolati, di essere visti, di essere apprezzati da un altro significativo. Proprio per questo il nostro sviluppo dura 20 anni (due decenni), una maternage e delle cure parentali molto allungate rispetto alle altre specie animali. Siamo persone quando abbiamo visto il nostro riflesso negli altri, la nostra presenza viva nel pianeta dell'altro. Se non fossimo ascoltati, visti, abbracciati il nostro corpo tenderà a disperdersi. Saremo delle isole una lontana dall'altra. Essere in relazione significa creare un ponte fra due sistemi. Sentirsi parte di qualcuno o qualcosa vuol dire aver lasciato un segno, delle orme durante il proprio cammino con la propria individualità, con la propria sensibilità. Amarsi vuol dire camminare nella stesse orme e sentirsi finalmente a casa, nella propria dimora. Trovare la propria casa vuol dire entrare nell'orma e nell'ombra dell'inconscio dell'altro. Da un simbolo si va ad un altro come succede in terapia con l'associazione libera di parole (casa - me, tavolo - design, canto - libertà, terapia - trasformazione, ecc). Dalle varie associazioni si ricostruisce il proprio mondo interno e se si é sulla stessa lunghezza d'onda dell'altro senti la presenza della voce, del calore, le vibrazioni della Anima della persona che si ama (sei stanco adesso, hai lavorato tanto, hai il cuore d'oro, ci apparteniamo anche se non sei il mio tipo, sono vicino a te, non avere paura). Adesso parla il mio subconscio (mi sento messo alla prova dalla vita, mi sento povero dentro, ho voglia di riposare, vorrei non po' di pace, mi sento giudicato, mi sento poco amato, sono stanco di amarmi da solo, la solitudine mi sta divorando). Nel sentire la voce dell'altro ti senti in comunione con la vita, metti da parte il tuo sentire e fai spazio nel tuo corpo di una anima (che è il risultato dell'esperienza reale del rispecchiamento che c'è stato nella interazione, nella sintonizzazione della diade). Rispecchiarsi vuol dire vedere sé stessi in modo più espanso, è come potersi permettere il lusso di volare con la persona amata, vincere la forza di gravità, vincere lo spazio e il tempo. Nei momenti in cui c'è rispecchiamento il tempo sembra infinito. Il finito e l'infinito che sono agli antipodi secondo una logica lineare, secondo il processo di sincronicità (due eventi accadono nello stesso momento anche se le due persone non sono presenti nello stesso contesto spazio temporale per esempio: ti ho totalmente pensato che mi hai telefonato. Non si segue una relazione di consequenzialità ovvero di causa effetto ma di energie che si attivano e che vanno oltre la contingenza dello spazio e del tempo). Due persone legate dentro creano un altro campo di forze il quale permette di creare un varco, una porta che va oltre i confini e le distanze. Quando un'anima è in difficoltà l'altra sente, avverte tramite la lettura del proprio inconscio che cosa l'altro ha oppure se sta affrontando delle difficoltà. Sembra fantascienza ma è un processo matematico e fisico, oramai si parla di fisica quantistica, di un influenzarsi di diversi campi elettromagnetici, anche il lavoro delle nostre cellule producono energia e nello spazio rilasciano delle onde elettromagnetiche. Rispecchiamento, sincronicità, associazioni libere, sintonizzazione (comunicare alla stessa lunghezza d'onda) sono i processi che comportano alla liberazione, alla trasformazione e alla felicità. La quale si riverbera nella vita di coppia. Quando uno di questi processi va a mancare, la coppia va a scadere.

Grazie al fatto che io parlo con me stesso mi rende felice in quanto ho una relazione autentica, dove ogni respiro, ogni movimento è votato all'amore, inteso come momento di portare calore e senso di pienezza alla propria vita. Questo compito avveniva più facilmente che nelle passate generazioni, in questa che è liquida e tecnocratica c'è solo freddezza, scavalcarsi, usare il corpo per sovrastare l'altro, soggiogarlo per poter emergere dalla moltitudine di persone. Il corpo diviene strumento per il successo nella vita sia in senso lavorativo che sentimentale oscurandone il suo valore di tramite fra due Anime che devono combaciare, si fa amore prima con la mente e poi con il corpo. Si sincronizzano i battiti e i respiri fra due amanti. Essere profondi vuol dire cercare un senso alla vita, quindi amarsi e amare Altro e non di essere pesanti, ricordo che nella leggerezza tutti questi processi non avvengono. C'è solo un giocare a fare gli amanti (compito) come fare la spesa ma le Anime si sfiorano non si compenetrano. Come per pitturare una stanza ci vogliono 10 litri di pittura e ne usiamo 3, dopo un po' fuoriuscirà di nuovo il colore precedente (ritorno a sé stessi) quindi si vive per abitudine e per consuetudine non per amore inteso come il compenetrarsi delle anime come una sinfonia, una danza comune. Prendersi cura dell'Altro vuol dire rinunciare al vecchio modo di essere e abbracciarne uno nuovo senza differenza di sesso, in quanto la donna "perdona" tante cose e l'uomo è un piccolo passato dalla gestione della mamma a quello della moglie.

(Storia)

L'unico aspetto che mi fa sperare è la capacità di saper amare. Sono stanco di cercare la persona giusta. Oggi voglio dedicare la giornata al cammino. Ho due sensazioni: la prima riguarda il mio caro Angelo, gli voglio proprio bene, mi sembra che sia il tempo passato con lui che quello passato a pensarlo non siano stati vani. La seconda sensazione è quella di sprofondare in un mare e di essere stato coccolato almeno per un po' grazie ad egli. A suo modo mi ha dato molto. Per questo gli sono sempre riconoscente e spero che cambi idea e torni indietro. Adesso voglio sentire il calore che mi attraversa nel corpo. L'unica soddisfazione che ho è sentirmi ancora vivo nonostante il dolore della separazione e del lutto. A volte chiudo gli occhi e vedo i suoi occhi vorrei tanto baciarlo e abbracciarlo.

Il mio cuore è fermo lì a quel giorno di agosto. Ogni volta che stavo con lui i minuti e i secondi sembravano un'eternità, la cosa più bella e quando ti senti te stesso, non hai bisogno di mostrarti per quello che non sei, senza la necessità di portare una maschera e ti senti libero di esprimerti come sei tu senza che l'altro ti giudici. Mi sono sentito per un anno a casa finalmente a casa. È una sensazione indescrivibile. Ti senti un tutt'uno con la natura e con la vita. Sento il respiro che avanza, sento l'aria fresca e l'odore di mandarini e di limoni. L'odore di primavera, il risveglio della natura. L'immagine più bella è di essere sotto un albero e questo albero rappresenta anche la presenza di lui che mi protegge e che mi fa sentire importante. Io respiro ancora del suo respiro e mi sento ancora in contatto profondo con lui. Ogni volta che lo ricordo sento il calore nella pelle, che parte dallo stomaco, mi sento sazio e ho tanta voglia di abbracciarlo. Fare ventre e ventre e gonfiare lo stomaco e poi strusciarsi per bene. Grazie di esistere.

(Storia)

Vorrei dirti caro Angelo che è indispensabile per me pensarti. Ogni volta è una nuova emozione. Mi mancano molto i tuoi consigli, lo sdrammatizzare e riuscire a trovare sempre una soluzione a tutto. Ogni volta che parlavo con te anche se eravamo di idee diverse, non riuscivo a provare un senso di rivalsa ma mi sentivo comunque al sicuro. Stasera davvero ti sento vicino, ti sento parte di me di nuovo, so che tu apprezzi il mio modo di essere anche se non sono il tuo tipo. Come fra due innamorati ci si faceva la guerra ma in realtà a modo tuo mi hai voluto bene. Vorrei tornare indietro nel tempo e ricostruire tutto da capo. Sarà un sogno ma senza di te la giornata non ha più lo stesso significato. A volte quando ho bisogno di te, ti chiamo sotto voce e ti dico che il tuo calore mi dà senso e significato alla mia giornata. Sarà una parte di me a cui comunico i miei pensieri ma di certo questa parte è accomunata a qualcosa, a qualche aspetto di te. Probabilmente questo aspetto è il fatto che hai un animo nobile, che sotto la dura scorza c'è una persona amorevole, pronta a dare amore e affetto. Per te l'amicizia è sacra ed io ti credo. Sai sempre mettere la parola buona anche quando il rapporto si incrina. Probabilmente sei stato abituato a stare fra tanta gente e a rispettare ogni modo di vedere la realtà. Per questo hai tante capacità e tante risorse che ti fanno splendere. Allo stesso momento hai delle ombre che tu non vuoi affrontare, ma se lo facessi comprenderesti meglio il mio discorso. Cercare di capire cosa vuoi realmente dalla vita perché non credo che una persona sia nata per rimanere single. Spero realmente che trovi la persona giusta con la quale condividere il tuo percorso di vita. Se io non ti ho offerto questo. Dammi almeno la possibilità di conoscerti meglio. Di sicuro avremmo tante cose da condividere. Saremmo, comunque, in una grande complicità.

(C)

Sono arrabbiato con la vita perché è l'ennesima persona che mi piace e che non mi corrisponde. Mi sento sempre messo alla prova dalla vita. Arrivati ai 30 anni faccio una amaro bilancio: sempre e solo da solo. È noioso rapportarsi solo con sé stessi anche se è necessario. Ho tante risorse, ma a quanto pare, queste non rappresentano una ricchezza per gli altri. Sento sempre il freddo addosso e l'amaro in bocca perché non vedo una giustificazione a tutto ciò che mi sta capitando. L'unica "persona" che mi rimane è il mio caro diario a cui posso affidare i miei pensieri. Questi pensieri vorrei tanto condividerli con voi. Dimodoché io possa essere di nuovo una persona con una dignità, con una personalità, con una propria voce, con un proprio spessore sia umano che professionale.

Per essere realmente dei professionisti non è questione di mettersi a nudo o meno, che non è l'obiettivo di questo scritto, ma di condividere un percorso umano e professionale che ogni essere umano compie nella propria vita. Per essere dei bravi terapeuti bisogna prima scendere nell'inferno e poi risalire. Questo non è un manifesto che parla dei miei talloni di Achille (delle mie manchevolezze) ma della voglia di far muovere qualcosa dentro di me e far maturare sempre di più il mio modo di essere e di condividerlo con gli altri. Molto spesso si parla di me in un modo più superficiale, in modo abbastanza critico e negativo ma non in modo costruttivo. Lo scopo è quello di riavvicinarmi agli altri perché una vita per essere degna, secondo me, debba essere condivisa e convissuta. Sentirsi un'isola non è un'esperienza gradevole. Secondo il mio modesto parere l'unico modo per comunicare è proprio lo scrivere. Lasciare una traccia di sé nel mondo e rimanere nella "storia". Ringrazio anticipatamente tutti coloro che avranno la pazienza e la bontà di leggere queste pagine.

In ogni occasione, in ogni contesto in ogni ruolo da figlio, amante, professionista, amico, confidente penso di essermi sempre comportato con diligenza e guidato dall'amore per gli altri. Ho sempre coniugato professionalità, scientificità con l'umanità. Fin dall'inizio mi sono sempre dedicato ad una cultura psicologica dedita alla valorizzazione delle risorse dell'individuo (psicologia umanistica, rogersiana), ho dedicato sei anni di formazione per costruirmi ed elaborare un concetto di psicologia vivente (non chiusa nei laboratori, nei dipartimenti). Ho cercato di rimettermi in gioco le mie emozioni e i miei vissuti in tre anni di apprendimento sul fare (pragmatismo o apprendimento attivo) per perfezionare le tecniche, per accogliere i vissuti degli altri. Attualmente sono in supervisione per migliorare il senso di solitudine e per cercare un significato alla mia esistenza, sto cercando di amarmi, nel migliore modo possibile, anche se in fondo, sono triste di non aver mai potuto condividere un senso di dimora, di casa. Con questo termine intendo una persona affianco che mi guardi in modo amorevole, che valorizzi tutto quello che ho costruito in un decennio, che riconosca i miei meriti, il mio modo di essere e di come sono avanzato nella vita, mettendo in discussione ogni cosa, non sentendomi mai arrivato, ma sempre alla ricerca della conoscenza. La mia più grande soddisfazione è stata sempre quella di portare qualcosa di buono agli altri. Nonostante tante rinunce, sono contento per quello che sono: questo mi fa spingere a scrivere e a raccontarmi. I miei valori sono sempre solidi e saldi. L'emozione più forte è quando le persone ti portano le loro storie, si mettono a nudo, credono in me, hanno fiducia in me, forse, più di me, in quanto, cerco sempre di più da me stesso. Attraversare tanti paesaggi interiori mi porta ogni sera a parlare con te caro Angelo, sei stata la prima persona, che ha capito la mia forza e il mio modo di essere. Con il tuo stare vicino, con le tue attenzioni, con le critiche costruttive che mi hai dato, mi hai dimostrato che anche io sono meritevole di essere amato. Capire tutto ciò non è semplice e non è da tutti. Grazie a te se riesco ad avere un confronto con me stesso più oggettivo. Mi hai imparato a confrontarmi con le mie paure. Spero presto di rivederti. Rimani sempre il mio albero, il mio pensatoio dove posso ritrovarmi e ritrovarti. Solo al pensiero riesco a respirare meglio e mi sento finalmente liberato. Grazie di esistere. Con te essere me stesso è più semplice, più immediato. Sei la porta e la casa del mio inconscio. Dopo aver scritto tutto ciò mi sento me stesso. Mi hai fatto imparare a ragionare in questi termini. Ogni volta che sono uscito con te è stato sempre più intenso, grazie al rapporto fra me e te ho imparato ad accettarmi un po' di più. Spero davvero che torni ad impararmi tante cose nuove. Come noi siamo quello che mangiamo, allo stesso modo, siamo il più della somma delle relazioni che abbiamo avuto. Si matura grazie alla presenza degli altri e spero che qualche persona condivida il mio pensiero e il mio modo di essere e riesca a farmi sentire di nuovo pieno di vita.

(S)

Per tutto il giorno ho pensato a quanto avrei voluto baciare Angelo. È come una forza che ti spinge a farlo a cui non puoi dire di no. Solo al pensiero di vedere i suoi occhi già mi sento felice come un bambino a cui viene regalato un gelato. Desidererei un bel bacio profondo che duri qualche minuto. Questo pensiero è stato fisso anche se svolgo tante cose. Andavo avanti indietro ricordandomi della sua voce. Oggi mi sento come un fiume arido e arso, come se avessi perso gli affluenti che vengono ad arricchire al mio letto. Sto incominciando a stancarmi a parlare e a comunicare in modo profondo solo con me stesso e con il mio diario. Vorrei tanto condividere questo mio mondo personale con qualcuno che mi renda felice. Anche riportare le relazioni ad un livello migliore proprio per attingere dagli altri, dalle risorse e dalle sfaccettature degli altri funzionamenti psichici. Vorrei far parte della vita degli altri, diventando qualcuno di riferimento.

(I. I.)

Non so se qualcuno sta seguendo o ha seguito le mie orme lasciate sul mio percorso. Vorrei tanto che nelle orme lasciate sulla sabbia in quelle stesse ci potesse camminare anche un'altra persona. Disegnare sulla sabbia le nostre iniziali e preparare un bel falò dove io e te vediamo le nostre impronte e le contempliamo dal tramonto a mezzanotte. Cerchiamo di guardare verso l'orizzonte e nello stesso momento ci abbracciamo. Mentre sto pensando a questa immagine mentale la associo ad un brano di Elisa "l'Anima Vola" (riporto il testo):
"

L'Anima Vola

Le basta solo un po' d'aria nuova

Se mi guardi negli occhi

Cercami il cuore

Non perderti nei suoi riflessi

Non mi comprare niente

Sorriderò se ti accorgi di me fra la gente

Sì che è importante

Che io sia per te in ogni posto

In ogni caso quella di sempre

Un bacio è come il vento

Quando arriva piano però muove tutto quanto

E un'anima forte che sa stare sola

Quando ti cerca è soltanto perché lei ti vuole ancora

E se ti cerca è soltanto perché

L'Anima osa

E' lei che si perde

Poi si ritrova

E come balla

Quando si accorge che sei lì a guardarla

Non mi portare niente

Mi basta fermare insieme a te un istante

E se mi riesce

Poi ti saprò riconoscere anche tra mille tempeste

Un bacio è come il vento

Quando soffia piano però muove tutto quanto

E un'anima forte che non ha paura

Quando ti cerca è soltanto perché lei ti vuole ancora

Quando ti cerca è soltanto perché lei ti vuole ancora

E se ti cerca è soltanto perché

L'Anima Vola

Mica si perde

L'Anima Vola

Non si nasconde

L'Anima Vola

Cosa le serve

L'Anima Vola

Mica si spegne

(App)

Oggi mi sento triste. È tornata la primavera, il sole splende ma dentro di me no. Vorrei tanto un abbraccio forte. Vorrei sentirmi importante per qualcuno. Non ho mai visto i miei genitori che si guardavano con gli occhi dell'amore. Questo fatto mi provoca molto dolore, come se per trent'anni ho visto sempre due persone che si volevano bene come fratello e sorella ma non come due amanti. Nonostante mi sia sforzato a piacere agli altri, ho ricercato gli altri e li ho amati, sono rimasto solo. Il mio desiderio era di riscrivere la storia dei miei genitori trovando una persona a cui dare amore e riceverlo. Proprio per coprire un buco che hanno creato in me, odio la freddezza e quelle persone che esprimono poco i loro sentimenti. Credo che la vita abbia valore nel momento in cui puoi dare e ricevere amore. Adesso, ripensandoci bene anche se non ho riscritto la storia, ho dimostrato a tutti, a me stesso, di portare agli altri un grande calore, di essere una casa per gli altri. Se io non ho trovato una casa, o dimora, allora cercherò di essere io la dimora o la casa degli altri. Di modo che non riusciranno ad avere la meglio. Se in passato mi è stata negata una famiglia, una casa oggi riesco a dare io un tetto agli altri. E forse il motivo per il quale faccio questo lavoro (psicologo) cioè di dare vita psichica a chi l'ha persa, di far ritrovare il proprio percorso di vita e la propria essenza. D'ora in poi cercherò di essere dimora degli altri. Spero che Dio da lassù mi guarda e che almeno Egli sia felice per come sono. Non riesco a capire come si fa a restare con una persona senza amarla. Amare vuol dire avere coraggio, ma allo stesso tempo avere la voglia di creare e di crescere. Con il termine crescita intendo essere complici, creare uno spazio in comune, avere rispetto per sé stessi e per gli altri, il coltivare ogni giorno la bellezza che ognuno porta dentro di sé. Amare vuol dire guardarsi negli occhi e dirsi mi appartieni, sei parte di me, non posso vivere senza di te. Da oggi, spero, che durante le giornate a venire io sia più contento di me stesso e che mi riesco ad auto alimentare, seguendo tutto ciò che mi fa sentire vivo e che mi dia un contatto vero, autentico con un'altra persona. In questo momento caro Angelo mi manchi, perché tu, hai capito di cosa parlavo nel momento in cui dicevo ho bisogno di ascolto cioè di nutrimento. Ho tanto bisogno del tuo affetto e che nessuno me l'ha mai dato; vuol dire sentire nello stomaco un senso di pienezza, di dolcezza, di espansione dell'Anima. Vorrei essere sempre più illuminato e ricevere le energie dal cosmo visto che da parte degli umani non riesco ad avere molta importanza. Caro Angelo, ti chiedo di starmi vicino, molto spesso, sento la tua voce e per quanto sto cercando di dimenticarti, di allontanarti dalla mia mente, ci riesco per un po' ma poi non riesco a mantenere il distacco emotivo. Meglio sentire il vuoto che sentire la separazione, l'abbandono. Forse già sono abituato a sentire il vuoto, ci sono cresciuto, ma l'idea di essere abbandonato non la riesco proprio a digerire. Ho dato tutto l'affetto che potevo, tutte le attenzioni forse non lo merito tutto questo. Mi manca la tua voce, il tuo sorriso. Oggi non riesco neanche a respirare bene, mi viene in mente una canzone che mi hai fatto condividere degli Studio 3 "Hotel sull'A3". Mi hai fatto un regalo incommensurabile. Ti Amo Davvero. Ti sarò sempre accanto. Anche se tu non ci sei. Ti mando un bacio.

Riporto testo della canzone di Giorgia "Quando una stella muore" (2013):

Cambia il cielo
Cambia la musica dell'anima
Ma tu resti qui con me
Tra lo stomaco e i pensieri più invisibili
e da li non te ne andrai
La vita cambia idea, cambia le intenzioni
e mai nessuno sa come fa
Quando una stella muore
Che brucia ma non vuole
Un bacio se ne va
l'universo se ne accorgerà
Quando una stella muore fa male, fa male

Troppe notti sotto agli occhi porto livide
ho imparato a modo mio
a leccarmi le ferite più invisibili
perché è così che si fa
Ma la via cambia idea e cambia le intenzioni
e mai nessuno sa come fa
Quando una stella muore
che brucia ma non vuole
un bacio se ne va
l'universo se ne accorgerà
quando una stella muore, fa male
a metà tra il destino e casa mia
arriverà la certezza che non è mai stata colpa mia
non è stata colpa mia

Un bacio se ne va

l'universo se ne accorgerà

quando una stella muore

fa male

(R)

Sento una grossa rabbia nei confronti della vita: non ho mai avuto l'affetto dei genitori, né una ragazza né un ragazzo che mi abbia mai corrisposto. Sono arrivato alla soglia dei 30 anni e mi sento perso. Non so dove andare, cosa fare della vita. So solo che sono stato importante solo per i miei nonni. Ero il centro della loro vita. Mi sentivo veramente considerato, purtroppo, questi tempi non torneranno più. Ho tanta nostalgia dei tempi passati dove ogni mia necessità, ogni mio desiderio era sempre assecondato. Adesso ho bisogno di qualcosa per me, vorrei farmi un regalo anzi due: un tavolo per appoggiarci qualcosa e per abbellire la casa e un bel piumino. Saranno due cose poco importanti ma di sicuro mi faranno sentire di nuovo al centro dell'attenzione. Spero tanto di ripagarmi un po'. Ho bisogno di un poco di serenità. Caro Angelo vorrei tanto condividere con te la giornata di domani. E'sempre bello ricordarti, anche se da una parte ho tanta rabbia e dolore allo stesso modo non riesco a fare a meno di te. In un primo momento ti manderei a quel paese dopo un poco mi viene da piangere sapendo che non sei più con me e infine sento tanto freddo quando voglio cercare di dimenticarti. Se ti accolgo dentro di me sento un calore fortissimo, spero che in cuor tuo ci sia un piccolo spazio per ospitarmi. A volte non so cosa voglio, si incrociano odio e amore, calore e disperazione, irrequietezza e falsa calma. Penso che se avessi avuto maggiore affetto in passato, oggi, sarei una persona più sicura di me, non andrei a cercare quella sicurezza negli altri. In questo momento sono molto poco indulgente nei miei confronti, ho bisogno di amorevolezza cosa che non ho mai avuto.

(Storia)

Vorrei uscire stasera e incontrarti caro Angelo, ho la tua faccia impressa, non riesco a vedere altro. Dopo aver fatto l'amore con un'altra persona, dopo mi sento in colpa e non capisco cosa abbia fatto: sono felice nel momento in cui faccio l'amore dopodiché, mi vengono tutti i dubbi e sono certo che l'ho fatto per dimenticare, almeno per un'ora. Non posso fare a meno di fare sesso con qualcuno ma dopo averlo fatto mi viene in mente che io ho bisogno solo di te e della tua sensibilità. In passato mi hai rimproverato dicendomi che devo vivere nel presente, ma il piacere si ferma una volta consumato il rapporto, dopodiché, cerco solo ed esclusivamente te. La sera è il momento in cui fuori fa buio e sento di più la tua mancanza. Vorrei tanto dedicarti una canzone, non riesco ad odiarti a mandarti a quel paese, lo faccio per un'ora dopodiché ricomincio a desiderarti. Spero un giorno di ritornare a vederti. Buona notte ...

(S)

Come al solito sono da solo e non ho amici quello che mi rimane è la vita. Spero che mi regali qualcosa. Fino ad ora ho ricevuto solo indifferenza e solitudine. A livello di lavoro personale mi aspetto solo un po' di comprensione e di amicizia (solidarietà). Penso che senza di questa non si possa parlare di una relazione reale, autentica. Una relazione che porta il nutrimento giusto per affrontare la vita. Adesso ho freddo, sento l'indifferenza e la mancanza di tatto, come se la sensibilità fosse un optional. Un mondo pieno di strumenti per comunicare ma allo stesso tempo questi allontanano la persona sempre di più dal benessere. Penso sia un problema comune avere a che fare con delle persone che sentono le tue necessità e che ti stanno vicino. Come se a portare la barca ci sono solo io. Non ho incontrato persone leggere in 30 anni, forse solo persone con una maschera. La vita scorre quando la barca la conduci insieme agli altri e quando senti di essere sulla stessa barca. Seppure sono pesante, ho cercato di limitare qualsiasi tipo di relazione sempre mantenendo fermo un famoso comandamento: "ama il prossimo come te stesso". Solo l'amore fa superare la pesantezza sia del carattere che ho e sia del mio modo di pensare. Ho una casa ma in realtà non ho nessuno che mi fa sentire a casa. Non ho più una dimora, forse, da sette mesi a questa parte.

(C)

Mi sono sforzato a ricoprire qualsiasi ruolo: dell'amico, dell'amante, del figlio, del genitore e molto modestamente anche del terapeuta, del counselor, dell'amministrativo, dell'operatore socio sanitario. Questo già dovrebbe bastare per essere riconosciuto come una persona degna di essere amata. Ho dato pochi problemi alla mia famiglia, alla società, di certo, sono stato ligio al dovere mantenendo sempre la costanza in ogni situazione. Spero che Dio si ricordi di me e del bene che ho fatto. Se essere adulti vuol dire passare sulla pelle degli altri come un carro armato, fregandosene delle altrui necessità, mi sembra di vivere una vita vuota fatta solo di egoismi e di non partecipazione a quella che è la vita degli altri. Bisogna auto tutelarsi ma allo stesso tempo avere presenza, dare calore e gratitudine verso gli altri, credenti e non credenti, questo è un principio che pochi condivideranno e mi spacceranno per un bonaccione e per uno che non sa vivere da adulto. Cercherò in questo periodo di fare due cose: essere ospitato, se possibile, sentirmi di nuovo a casa e avere una percezione della casa dove essere gradito e riconosciuto.

Come secondo obiettivo ridefinire il mio lavoro personale: chiedere di ricevere non più un supporto o un intervento tecnico ma una collaborazione reciproca ovvero un rapporto dove non c'è squilibrio fra chi aiuta e chi deve essere aiutato. Non cerco consigli né ricette ma avere la possibilità di sentirmi una persona amata, non solo da me stesso. Essere una persona che ha un valore per gli altri e che quindi la pesantezza sia solo un piccolo particolare, non l'elemento che fa allontanare gli altri. Utilizzare la pesantezza come risorsa non come "difetto" o come elemento disturbante, che a lungo andare deteriora qualsiasi tipo di rapporto. Spero di poter arrivare a questi due obiettivi. Nel caso non ci fosse la possibilità, cerco di farmi dei regali, delle auto gratificazioni che mi permettano di facilitarmi la vita e rendermela più piacevole, più interessante.

(D)

Con l'inizio di questa settimana si chiude un altro ciclo di vita. Mi sento davvero stanco di essere da solo. Vorrei riempirmi la vita con qualcosa di mio: vorrei avere un mobile, una stanza arredata secondo il mio gusto oppure prendere piccoli pezzi alla volta e avere la capacità di stupirmi e di carpire l'effetto che fa una cosa nuova. Un oggetto nuovo che dia splendore e importanza alla mia vita. Visto che io non sono nessuno per nessuno, cerco di adattare il mio ambiente, il mio spazio secondo il mio gusto e secondo la mia creatività. Sono stato per troppi anni a vivere con una marcia in meno: ho cercato di accontentare sempre la mia famiglia, studiando e lavorando e facendo esperienze nel mio settore. Adesso ho bisogno di affermare la mia personalità, avere un minimo di indipendenza e decidere della mia vita. Ho bisogno di amorevolezza, come già ho detto, non so se riuscirò ad uscire dal problema. Vorrei avere qualcosa di mio e per sentirmi bene con me stesso. Non so dove sto approdando e per ora vorrei solo un po' di calore, di avere una casa intesa come posto dove ci sono le mie cose, il mio mondo. Anche se per gli altri questo mondo è noioso e pesante per me è necessario e allo stesso tempo fa dolore, il non poterlo condividere con nessuno. Come risposta al problema per adesso, è di rendere lo spazio più vivibile, più a misura d'uomo: ricevere dalla casa e dai mobili di un certo design l'ispirazione per avere un contatto maggiore con me stesso. L'altro giorno mi è capitato di vedere una sedia a forma di sedere di colore verde acceso e una altra di vari colori con una seduta ampia. Fra tanti negozi è stato quello che mi ha colpito di più. Quando mi sono avvicinato e l'ho toccata con mano mi sono sentito improvvisamente trasportato in un'altra dimensione, in un altro luogo: in un loft o in una mansarda per single. Vorrei costruirmi piano piano, un pezzo per volta, rendere la casa più confortevole, più viva e più giovanile: più adatta alle mie esigenze. Amo tanto il design interiore, le forme arrotondate, i colori bianco e nero che danno un tocco di eleganza agli ambienti e un alternarsi fra attività è riposo, energia maschile femminile, in definitiva, creare un pensatoio dove costruire uno spazio che serva a ricaricarmi, a cercare il mio vero essere, ad essere in armonia con me stesso, mantenendo un contatto nutritivo, un abbraccio, e un bacio che aspetto da tempo da qualcuno e che adesso viene rappresentato simbolicamente dall'utilizzare materiali e strutture capaci di interpretare i movimenti dell'anima. Un modo nuovo più forte e più intenso di fare l'amore (l'armonia dei contrasti, sapere assaporare il proprio gusto, saper accogliere l'amore per sé stessi e non farlo disperdere ma catalizzarlo e portarlo dentro e fuori in modo alternato e ritmico). Lo scopo principale della vita è quello di ricevere amore in quel momento che si è in piena salute, infatti, c'è un modo di dire: "mi sento amato e pieno di energie", uno dei segreti specie se non si non è amati è a quello di abbracciarsi e di sapersi contenere di modo che senti la vita scorrere dentro di te e senti un calore indescrivibile, un calore tutto tuo.

(E. C.) / (Storia)

L'esperienza corporea è difficile da spiegare, da descrivere, sono sensazioni che rese in linguaggio verbale non hanno più lo stesso significato, nonostante ciò, cercherò di farvi fare un viaggio in me stesso. Tutto parte dal plesso solare, lì sento un calore, una fiamma che si propaga per tutta la pancia, sento la presenza di Angelo, lo sento nel mio ventre, mentre scrivo queste parole lo stomaco vibra e come se fra me e lui ci fosse un lungo cordone ombelicale che ci unisce e che ci mantiene insieme anche a distanza. Sento sia che lui mi nutre sia che io gli do' un contenitore, uno spazio dove sentirsi libero di essere sé stesso. Sento l'amore per la storia, per le strade del centro storico, del lungomare, della pace che mi hanno provocato e che mi porto dentro. Mi vedo sulla panchina con il mio Angelo e lui che mi stringe a sé, si avvicina a me sempre di più e rimaniamo a parlare delle applicazioni, dei cellulari, e di come possiamo comunicare. Mi sento importante per la prima volta, mi sento praticamente come se quella panchina potesse reggere tutte le mie manchevolezze, e quel fatto di ricevere quell'abbraccio anche camminando, parlando delle storie precedenti che lui aveva avuto, mi facevano sentire in quella strada in modo diverso eppure ci sono passato tante di quelle volte, come dice Bateson è cambiata la mia geografia mentale. Sento un respiro profondo e il vibrare di tutta l'energia che ho incamerato e la sento salire fino alla gola, rifaccio un altro respiro profondo e sento la voglia di baciarlo ma lui non vuole, rifaccio un altro respiro profondo vedo davanti a me una strada alberata e lui al mio fianco, ho un piccolo brivido dietro la schiena che mi fa tornare alla realtà, purtroppo siamo solo amici, mi fa capire. Improvvisamente sulla schiena ho freddo e questo freddo è contrastato dal calore che viene dal ventre. Chiudo gli occhi e cerco di avvicinarmi a lui cercando di baciarlo. Mi stringo forte al ventre e faccio un altro respiro profondo improvvisamente, mi ritrovo nel centro storico su una panchina da solo ad ammirare un cortile con una fontana, e lì mi sento realmente padrone della mia vita, il protagonista della mia vita. Dopo faccio due respiri profondi, sento l'acqua che sgorga da una fontanella vicino a me e nello stesso momento sento la voce di Angelo che mi chiama e mi dice: "non mi pensi, non sono più al centro dei tuoi pensieri". In quel momento pensavo solo a me stesso e al mio benessere. Mi sentivo forte, potente, padrone di tutto ciò che mi stava a fianco non come succede nella mia vera casa. L'obiettivo del mio lavoro è quello di sentirmi a casa, trovare un posto dove mi sento coccolato, considerato.

(I. I.)/ (L. R.)

In questo momento mi abbraccio sulle scapole e faccio di nuovo un respiro profondo e rilascio l'aria lentamente adesso sento il cuore battere forte e l'immagine associata è il Golfo di Salerno e a fianco a me il mio caro Angelo che dice: "Guarda Carmine abbiamo ai nostri piedi la tua città". In questo istante mi sento leggerissimo come una piuma ed ho il sole dentro. Sono la persona più felice del mondo.

Dio com'è bella

Dio, com'è bella! e quanto
sempre, a guardarla, è tutta un dolce incanto!
Della beltà che in lei
sempre si spiega io mai sazio sarei.

Stanco giammai: la sua beltà, a guardarla,
sempre si rinnovella;
sempre ad ognuno parla
e di grazia e d'amor. Dio, com'è bella!

Di qua e di là dal mare
più remoto, e per ogni
terra, non c'è chi le assomigli: appare
quale solo nei sogni
per forse una beltà. Dio, com'è bella!

Poesia d'amore di Charles d'Orleans

Grazie Salerno!!!

Vorrei affetto, una carezza, un po' di riconoscimento. Ho un corpo e un'anima pure io. Voglio una persona sensibile, un poeta della vita. Qualcuno con cui parlare sulla stessa lunghezza d'onda e mentre ascolto le sue parole, sentirne le vibrazioni. Vorrei sentire qualcuno che mi riaccende la fiamma della vita.

(S)

Mi ritrovo di nuovo solo davanti a questo foglio bianco. Non sento nessuno vicino, non so neanche cosa dire a me stesso per tutto quello che mi sta succedendo attorno. Sento poca attenzione rispetto ai miei bisogni principali come l'essere amato e rispettato. Ieri sera ho pianto molto per due motivi: avere compiuto 30 anni ed essere solo e non avere una persona che ti sappia dare un minimo di affetto e di non avere neanche la possibilità di poter amare. Mi sento al di fuori della società è come se non esistessi, come se stessi mettendo in discussione le regole della società. Nonostante abbia sempre rispettato tutto e tutti. Ero felice quando ero circondato da amici e da persone a cui poter dare un regalo, un sorriso, condividere una propria emozione, condividere con l'altra persona un proprio traguardo. Anche questa sera c'è il foglio e la musica dance che raccolgono le mie impressioni, è triste farlo e dirlo. Sono arrivato a domandarmi il perché io abbia incominciato a farlo. In questo momento non so di preciso come spiegarlo: è come se fossi risucchiato dalla scrittura stessa e catapultato in un mondo tutto mio. Un mondo che sicuramente non interesserà agli altri ma allo stesso tempo non mi rimane che potermi esprimere, sempre nella speranza, che almeno una persona accolga questi miei pensieri, questo mio modo di essere. Sono contento di me stesso perché sono riuscito comunque a scrivere già un bel pezzo e a tirare fuori tutte le mie emozioni.

(Storia)

Provo sia odio che amore rispetto al mio Angelo: odio perché non sono proprio calcolato e ricambiato e amore perché rispetto tutto ciò che mi ha dato ovvero l'ascolto, la presenza, le idee, la gentilezza, il calore e il fatto di esserci sempre. Non riesco a dimenticarlo eppure sono passati già sette mesi. C'è rabbia e commozione nello stesso momento. Da una parte è indispensabile pensarlo e sentire di meno il vuoto e la solitudine. Allo stesso tempo quando lo penso so di certo che non tornerà, che non avrò la soddisfazione di riabbracciarlo, di vederlo negli occhi e di sedermi sulle sue gambe. È rimasta impressa nella mia mente l'immagine della panchina della stazione. Dove i minuti sembravano ore interminabili e c'era qualcosa nell'aria, un senso di libertà, di felicità e di passione. Anche se non eravamo della stessa idea, della stessa opinione su un determinato argomento, si sentiva la vicinanza lo stesso, mantenendo sempre la stessa veduta. Più parlavo e lo ascoltavo e più mi accorgevo che quella piccola persona sarebbe diventata grande. Sapevo che quella panchina sarebbe stato un luogo che mi avrebbe cambiato il modo di vedere la vita: che finalmente mi riappropriavo della mia vita e che da quel momento sarebbe stato sempre più chiaro a me stesso che avrei avuto bisogno al mio fianco di un ragazzo sensibile, intelligente e con tanta voglia di mettersi in gioco in ogni situazione. Un ragazzo dinamico, che con il suo modo di fare mi avrebbe portato sempre di più ad apprezzare la leggerezza della vita, mentre pensavo a questo, vedevo il suo modo di camminare, il suo modo di gesticolare e sentivo che dentro di me qualcosa stava accadendo ma non gli sapevo dare un nome. Non avrei mai pensato in quel momento cosa fosse cambiato in me, ma di certo, sapevo che quell'immagine sarebbe stata impressa nella mia mente e che l'avrei ricordata anche dopo tempo, infatti, anche adesso a distanza di un anno mi si è presentata davanti agli occhi e chissà quante volte ancora succederà. Non so come dirtelo, ma quella panchina è stato un modo per farmi capire che nella mia vita sarebbe stato necessario un bel ragazzo pieno di risorse, e che mi avrebbe portato tanta felicità. La cosa più bella che vedevo era la spensieratezza, il senso di magia, il senso di aver conosciuto una persona davvero fuori dal comune, molto attenta ad ogni particolare e ad ogni variazione del mio umore. Da quella sera ho capito che nella mia vita avrei potuto incontrare davvero chi mi capisse in modo profondo e univoco. Ed ero contento per aver assaporato il suo gusto, aver sentito le sue vibrazioni del suo corpo che era stato appena in palestra, sentire il suo alito e sentire tutta la forza nei suoi muscoli. Ero contento di aver affianco a me una persona speciale, di quelle che se ne incontrano raramente. Il tutto era contornato da una aria primaverile, piena di calore nonostante l'orario, piena di odori che attestavano il risveglio della natura. Ero pieno di pensieri quando sono andato, ho assaporato quell'aria nuova e improvvisamente mi sono sentito rinato come se avessi di nuovo un valore, come se fossi nel luogo giusto al momento giusto. Ancora adesso quando torno lì sento le stesse sensazioni: credo sia un posto magico proprio per l'aria che si respira, si sente l'influsso del mare e allo stesso tempo della collina.

(Sogno)

Qualche tempo prima l'avevo sognato quel posto e l'immagine che mi era impressa era di un cancello con all'interno un piccolo giardino con una pianta di limone e all'interno di questa casa abitava un parroco. Questa abitazione si trovava in un piccolo vicoletto. Questa casa è stata abbandonata. Tutto quello che avevo sognato tempo prima me lo ritrovo in quella serata di un anno fa. Spero tanto di riuscire a fare di nuovo un sogno premonitore che mi permetta di capire dove sono direzionato perché in questo momento mi sento perso e non ho più quelle sensazioni. Vorrei tanto tornare ad un anno fa. Cosa sento dentro di me? Rabbia e odio perché un sogno mi è stato infranto.

(D)/ (App)

Il voler cambiare la propria abitazione, riuscire a vivere una vita nuova con una persona a fianco in un posto che comunque amo e sento mio nonostante la persona che ho conosciuto non mi desidera. Come rimetto piede lì mi sento il calore dentro, come se avessi trovato la mia dimensione. Non è un sogno ma è semplice realtà. C'è qualche forza che mi attira in quel posto. L'immagine che mi viene fortemente in mente è una villa comunale, con delle palme, delle panchine e un monumento. Questo luogo ha qualcosa di particolare e ancora oggi a distanza di un anno non ho capito cosa. So solo che respirare quell'aria mi cambia immediatamente, acquisto maggiore sicurezza, mi sento meno perso e forse anche a casa. Chissà questa notte cosa sognerò? Spero tanto di rivedere quel posto! Mi preparo a fare un piccolo excursus che mi permetta di ritornare in seduta e capire dove sono, dove andrò, chi sono, mi sento letteralmente cambiato in questi tre mesi. Ho anche un po' paura del mio nuovo modo di essere forse più arrabbiato, sono diventato meno paziente, mi sento non pienamente libero come prima. Ho perso quel rapporto fantastico dove io mi sentivo realmente realizzato, sentivo l'energia che mi scorreva nel cuore. Ogni telefonata, ogni uscita era una nuova situazione. Era un gioco bello e sottile.

(S)

Adesso, invece, mi rimane l'amaro e non so cosa mi porterà di nuovo a provare il piacere nelle cose che faccio. Sono impegnato in tante cose ma quello che manca è con chi farle, con chi condividerle. Questa notte, vorrei abbracciare il mio cuscino per sentirmi ancora vivo e contrastare l'indifferenza degli sguardi delle persone che ho incontrato oggi. Solo uno amico mi ha salutato e mi ha fatto capire di essere importante, ha subito fatto un sorriso che valeva più di mille parole. Sono arrivato al momento in cui anche un piccolo accenno, una piccola inflessione del viso mi dà qualcosa, non solo un messaggio ma una vera e propria cura, un vero e proprio nutrimento per l'anima. Ti fa assaporare il gusto pieno della vita. Sto chiedendo a Dio di illuminarmi, di guidarmi nel cammino, perché non so davvero come relazionarmi con me stesso in questo momento. Non riesco ad essere più una persona mite come lo ero qualche giorno fa. Vorrei far sentire meglio la mia voce. Una domanda che mi pongo è: voglio ricevere almeno un'ora dove sentirmi di nuovo me stesso e di trovare un senso di casa ovvero un posto dove sentirmi tranquillo e al sicuro, sentire una melodia dentro di me che faccia ripartire l'energia in tutto il mio corpo. Qualcosa che sento mio, che mi fa sentire appartenente a me stesso, qualcosa che parli del mio modo di essere. Di modo che mi sento di nuovo me stesso e a casa mia. Cercherò in questi giorni di fare di nuovo ordine fino alla fine del mese. Alla prossima.

(S)

E adesso anche questa notte mi sento da solo. Come se gli altri non esistessero. Mi sento perso e senza una persona accanto. Non riesco più a capire dove sono e chi sono. Il mio cuore è vuoto. Ho sempre la tua immagine impressa nella mia mente. Spero stanotte di sognarti in qualche modo rimanermi vicino. Ho voglia di essere abbracciato, di sentirmi protetto, di avere un poco di affetto e di amore. Nonostante ciò mi sento dislocato nello spazio e nel tempo. Mi sento poco sintonizzato con gli altri e vedo solo me stesso. Non vedo affetto, riconoscenza, solidarietà da parte degli altri e sento solo una grossa stanchezza sia fisica che psichica. Ho fatto di tutto per cercare di avvicinarmi agli altri e a quanto pare mi sento di aver perso.

Al di fuori della famiglia non sono nulla, mi sento poco amato, come se non avessi nessun ruolo anche se ho delle capacità che vanno al di là del comune. Ho fatto un ottimo lavoro su me stesso, sono stato formato da terapeuti a livello internazionale, ho una grossa sensibilità e mi accorgo di ogni minima variazione all'interno dell'anima di ogni persona che incontro. Sento un senso di vuoto e vivo nella incomprensione da parte degli altri. Non so come fare e vorrei cercare di trasmettere il mio essere, la mia essenza agli altri. Condividere qualcosa di importante e che mi faccia stare bene e che riesca a togliermi da questo isolamento. Dopo un lavoro su me stesso molto duro sono stato due giorni a riposo e oggi vorrei incontrare qualche persona che mi faccia sentire di nuovo un essere come gli altri, che ha un corpo, una mente e una propria sensibilità. Si parla di resurrezione ma a quanto pare vedo la solita poca attenzione nei miei riguardi. Sono stanco e quindi posso dedicarmi allo stare con gli altri per poco tempo, in quanto ho poche energie.

In questo momento non so descrivere cosa sta accadendo dentro me, sono alla ricerca di qualcosa di nuovo. Una cosa è certa caro Angelo, che sei sempre al centro del mio cuore, la cosa più bella, che mi fa gioire è il fatto che ci sia una persona che si ricordi di me.

Oggi ti faccio i miei migliori auguri di Buona Pasqua e ti saluto dolcemente, profondamente.

(E. C.)

Un ricordo molto forte è stato quando ho preso la tua mano e all'improvviso sentivo che la macchina volava, mi sentivo leggerissimo, sembrava che qualcosa nell'aria stava cambiando. Mi sentivo la persona più libera al mondo. Sentivo un calore dappertutto come se avessi ricevuto calore da un termosifone. Non sentivo più i miei piedi ma solo le mani, le braccia, e il busto. Era tutto un sogno diventato realtà.

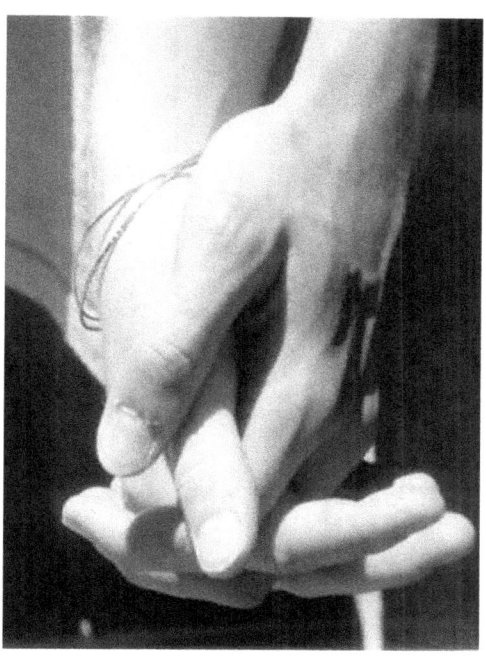

III PARTE

<u>Raccolta di frasi e Riflessioni</u>

Sei entrato in quella parte del cuore dove ci sono le cose più buone, quella simile ad una credenza dei dolci dove c'è la nutella, i biscotti, le merendine, la marmellata; quell'angolo di cuore dove quando uno ci entra, succeda quel che succeda, da lì non uscirà mai. Non c'entra l'amore. Ci sono persone che da quando le conosci non smetti mai di volergli bene.

Il mio respiro e il tuo si sono fermati alla fine dell'estate, ma, il calore, continua a irradiare questo inizio di inverno. Ti sento dentro di me, puoi essere ad un centimetro o a tanti chilometri di distanza, ma i nostri respiri si appartengono. All'improvviso sento un fuoco dentro me ed è la tua presenza in me. Dirigo l'attenzione su altro ma sento la tua voce che mi riporta a te. Ovunque andiamo noi saremo sempre due anime che si cercano e che si alimentano l'una con la presenza dell'altra. Quando ci ascoltiamo siamo collegati sullo stesso mare: le nostre onde e i nostri flutti si incontrano e si scontrano. Proprio perché siamo legati dentro non ci potranno essere parole che sovrastano il nostro dolce respiro.

A volte l'intimità è solo il sapere respirare all'unisono con lo stesso ritmo di respirazione. Sapersi ascoltare e cadere in un quasi sonno mentre l altro parla. Non significa annoiarsi ma ti seguo e mi immergo in quello che dici che il conscio e l'inconscio si uniscono in un modo autentico e vero.

La casa è dove si trova il cuore (Plinio il Vecchio)

Chissà se mi pensi prima di andare a dormire ... Chissà se in quel momento, in cui potresti pensare a tutto, scegli di pensare a me ... (S. Tarizzo)

L'anima libera è rara, ma quando la vedi la riconosci, soprattutto perché provi un senso di benessere quando gli sei vicino. (Charles Bukowski)

Oggi ho imparato che so amare e ho voglia di giocare con L'Amore... ho voglia di sorprendermi, di farmi un sorriso dolce e spensierato. Ho voglia del calore che so darmi, non pretendo molto: essere coccolato e al centro del tuo cuore. Sentimenti sono meno difficili da imbrigliare ma danno la forza di esserci sempre e comunque. Ho voglia di dolcezza e di fermezza. Ho voglia di ballare una danza con te. Il cuore non conosce che la tua strada. Il respiro e il battito si fermano quando ti penso.

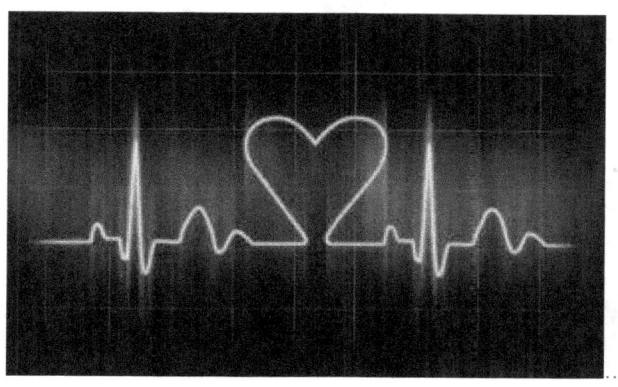

Che cos'è l'essenziale?

Perché l'essenziale non lo si coglie quando i conti tornano, ma soltanto quando il sipario cala all'improvviso e non resta che una platea vuota e ci si sente immensamente soli.

"Dicono che durante la nostra vita abbiamo due Grandi Amori. Uno con il quale ti sposerai o vivrai per sempre, che può essere il padre o la madre dei tuoi figli. Il secondo, invece, sarà' qualcuno con cui sei nato collegato, cosi collegato che le forze della chimica scappano dalla ragione! Tutti sanno di chi sto parlando, perché mentre stai leggendo queste righe, il suo nome ti è venuto in mente. Perché a volte si libera più energia discutendo con chi ami, che facendo l'amore con qualcuno che apprezzi." (P. Coelho)

(S)/ (E. C.)

Sento solo un senso di smarrimento, sto a casa ma mi sento solo, sto provando a dormire, vorrei pensare a qualcosa di bello. Vorrei vedere una persona amica, che sappia accogliermi e conoscermi in modo profondo, come se mi conoscesse da una vita. Ho tanti pensieri, tante cose da mettere apposto nella mia vita. Mi sento come uno che è dovuto crescere in fretta in quest'ultimo periodo. Sono davvero stanco, ho proprio bisogno di fare un bel sogno, un'immagine che mi fa rilassare. Ma cosa? Cosa desidero in questo momento? Chiudo gli occhi e mi fermo. Fare un bel giro per la villa comunale. Spero domani di andarci, sarà un piccolo desiderio ma molto salutare. Respirare fra gli alberi e sentire il vento che mi tocca il viso. Per ora controllo la respirazione. Oggi è il giorno di Pasquetta, ed è molto triste restare da solo. Mi sento escluso dagli altri. Ho i brividi addosso, ma, la cosa che più desidero è quella di ricevere calore umano. Ho tanto sonno, freddo, tanta voglia di essere avvolto in un bel letto caldo e accogliente, morbido. Un posto dove sentirmi al riparo, dove poter essere me stesso. Non mi sento importante per nessuno, forse, vorrei avere un posto dove ricevere un minimo di sollievo. Mi sento abbandonato a me stesso e non so con chi comunicare, forse, oggi, il diario mi è vicino, mi permette di fare ordine nelle mie cose, nelle mie priorità. È da giovedì che mi sento mancare le energie, non so più cosa succede dentro di me. Voglio qualcosa di piacevole, che mi permetta di ritrovare me stesso e di sentirmi di nuovo vivo, avere un minimo di gioia, un minimo di vita. So di volermi bene e che se non ci fossi io a volermene nessuno si ricorderebbe di me, specie, per i miei coetanei che per loro sono poco interessante specie se non fanno parte del mio settore lavorativo, perché almeno in quel posto le mie delusioni, i miei problemi e i miei vissuti vengono almeno riconosciuti e compresi. Caro Angelo, forse, incomincio a sentire di meno la tua assenza ma sento di più la rabbia, il fatto di non averti conquistato e che ancora oggi dopo mesi non riesco a dimenticare il tutto. Secondo me un'altra persona, non per vantarmi, di certo non la troverai così disponibile e che sente la tua presenza sempre viva proprio dentro la sua Anima.

Come avviene in me questo contatto profondo te lo mostro in questa immagine. Due mani che si toccano. Così sento il tuo corpo avvicinarsi al mio: ventre e ventre, da due diaframmi ne diventa uno più grande, ogni giorno anche se adesso faccio finta di niente, cerco di distrarmi e di soffrire di meno. Chissà se riuscirò almeno a vederti se pure da lontano. Adesso vado a leggere e a farmi compagnia. Buona Pasquetta a tutti voi.

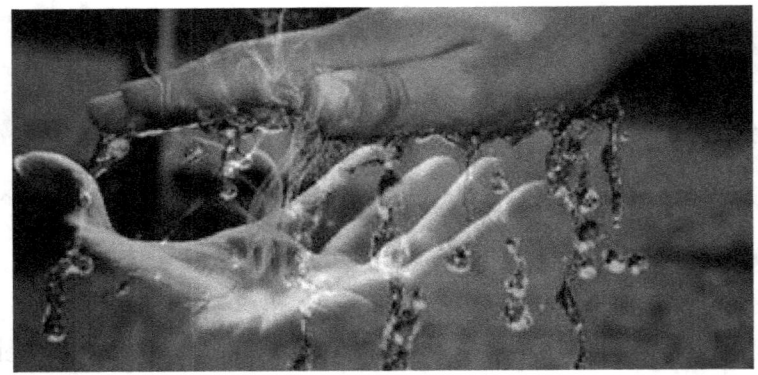

(Storia)

Ho tanto sonno oggi che non riesco nemmeno a scrivere. L'unico pensiero positivo sei tu caro
Angelo, ieri ti ho sentito al telefono, sono stato contento. Cosa che mi fa stare bene è già quando
ti penso. Mi attivo di più se una cosa la faccio mentre sento la tua presenza. Spero che mi puoi
capire, che mi pensi un po', di averti lasciato qualcosa dentro te. Nel mio cuore rimane scritto il
tuo nome. Mi sei stato vicino ma purtroppo per poco. Non lo so come fai a capirmi pure se sei
lontano, sai cosa mi fa paura, di cosa ho bisogno, cosa mi fa rabbia. Adesso mi rimprovereresti
per il fatto che non faccio nulla. Davvero riesco solo a stare tranquillo in questo modo: anche se
sono triste quando mi riposo mi sento più a contatto con me stesso. Mi faccio compagnia.
Anche se è passata tutta la giornata, sta facendo notte e ho ancora sonno. Ho bisogno di un po'
di calore sono talmente stanco e ho bisogno di nuovo di andare a letto. Mi sforzo pure a leggere
e a scrivere. Mi ricordo adesso di non avere più una nonna che era sempre con me, che mi ha
dato tutto l'affetto possibile. Adesso nessuno me le darà più quelle attenzioni.

(E. C.)

Mi sento in contatto con la tua Anima caro Angelo. Cercherò di descrivere le mie sensazioni
corporee: sento dallo stomaco un calore che parte, un senso di attrito come se due corpi si
sfiorassero uno sull'altro, come fanno due mani che si strofinano. Dopo questa sensazione sento
più caldo, il respiro diventa più corto, come se avessi fame d'aria. Dopodiché mi arriva alla testa
un senso di calore, sento la tua voce che mi dice: "Non ti preoccupare che io seppure sono
lontano, sono vicino a te". "Non sei rimasto solo". A queste parole non credo a lui
minimamente, ho il respiro sempre più corto. Dopodiché sento di nuovo un'altra volta la sua
voce: "senti il mio calore, adesso sono vicino a te, sembra che sono lontano, oggi, mi sentirai nel
tuo corpo, mi porterai nel tuo grembo"."Non sei contento? Mi avrai dentro di te, fammi spazio e

vedrai che le parole saranno reali e ti sentirai il cuore di nuovo che ripartirà perché io so cosa stai cercando. Non vuoi solo un po'di divertimento ma vuoi chi ti riscalda il cuore".

Mi rimangono tre domande a cui debbo trovare una risposta:

1. Come faccio a sentire la sua presenza dentro di me e si modifica anche il respiro?

2. Come mai lo sento nel grembo come se fossi incinto?

3. Mi manca tanto e mi autosuggestiono? Intanto sento lo stomaco che si dilata e la sua voce.

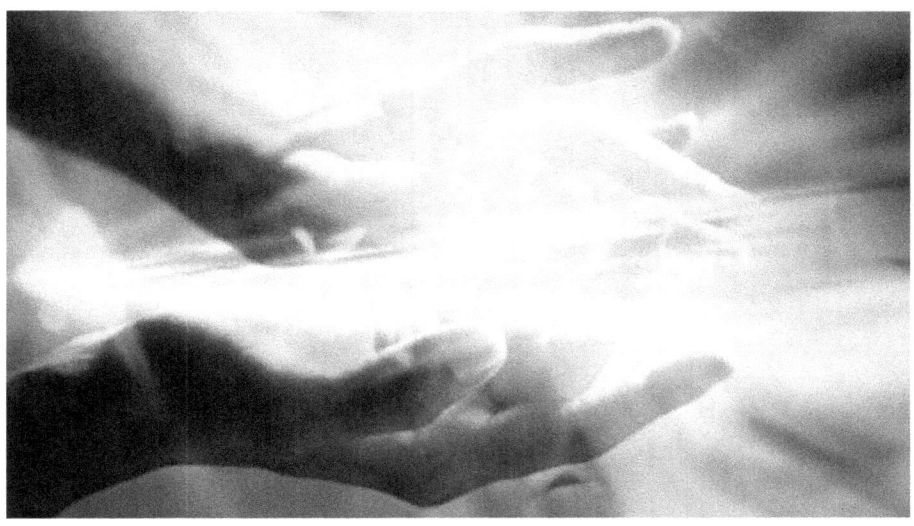

(E. C.)/ (L.C.)

Ti sento, caro Angelo, dentro al mio ventre come se fossi incinto di te, adesso lo accarezzo, come per farti calmare e regolo il respiro affinché tu abbia il maggiore spazio possibile e che tu stia più comodo in me. Sento che se prima era rabbia adesso è tutto e solo amore. So solo che nel mio corpo ci sei tu, sei la mia compagnia. Sento un calore immenso. Dentro di me parte la musica come se fosse una danza interna che riscalda tutto, che nutre il mio corpo. Quando penso che non ci sei automaticamente mi escono le lacrime. Mi sento completamente rilassato quando ti accolgo dentro me. Sei un piccolo essere che vive e si nutre dentro me. Un passaggio corporeo che mi viene sempre in mente è: "noi ti vogliamo bene" mentre lo dice con la mano mi cinge la pancia come a farmi da barriera, a farmi avvicinare a te, ad avere fiducia in te. Adesso che non ci sei quando ho bisogno del tuo contatto lo ripeto questo gesto di chiudere il ventre come per contenerlo. Dopodiché mi abbraccio, subito dopo mi sento vivo e pieno di energie. Dove sei adesso? Vorrei stare sulla panchina disteso sulle tue ginocchia ad ascoltarti e a guardare i tuoi occhi che sono vispi e belli. Come fai ad essere così intelligente e a capire ogni mio movimento psichico? Ogni mio cambiamento interno? Adesso mi faccio un lungo abbraccio e vorrei che questa armonia che sento rimanga infusa in me per qualche giorno. Ero sicuro che da quando ti ho sentito vivo in me, sarei stato meglio e sento sempre di più la vicinanza della tua Anima. Sei a 30 40 chilometri da me e io ti assicuro che ti sento a tre quattro centimetri da me. L'anima vola ...

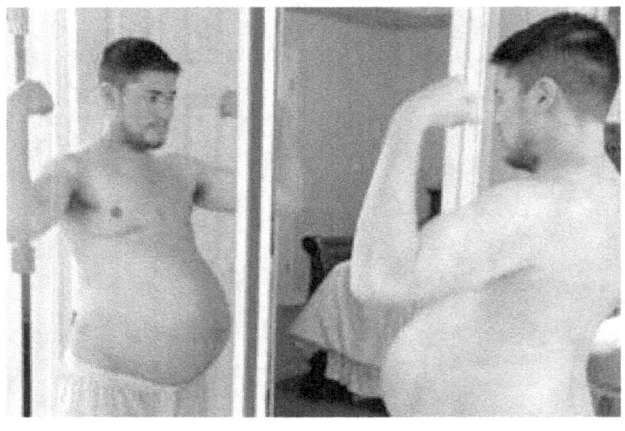

(E. C.)

Sento una vibrazione continua in tutto il mio corpo. Tutti i muscoli sono in tensione, come se dovessi muovermi continuamente, sento una voglia di stare in un posto ovattato, pieno di calore, sento il corpo di Angelo dentro di me come se fossi incinto, lo porto nelle ossa, nei muscoli, lo sento che si muove. Non so come mantenerlo fermo, scalcia, anche se fa male sono contento di portarlo dentro, sono preoccupato che non si senta chiuso e oppresso, lo sto facendo muovere come lui vuole. Sento dolore anche nel lavarmi, sto cercando di mantenere duro, perché capita proprio a me? Sento i piedini che si muovono nel mio ventre, la testa che ruota. Io gli chiedo se sta bene e lui mi risponde di sì ed io sono contento per lui. Sarà difficile mantenere questa gravidanza? So che sei dentro di me e che sei vivo. Adesso sento un grande calore dal basso ventre che mi irradia al torace fino ad arrivare alla testa. Sento la sua voce, il suo giocherellare con il cellulare e i suoi muscoli sono in tensione. Sento l'aria calda che arriva dal mare e un treno che sta passando fra i binari. Dopo sento degli uccellini che cinguettano, l'odore forte dei mandarini e dei limoni. E il respiro si fa sempre più profondo e il calore incomincia a salire nel torace e nel plesso solare. Sento tutte le gambe che mi tirano. Dopodiché sento il cuore battere forte, gli occhi si chiudono e sento la sua voce che mi dice: "sono dentro di te, non mi cercare fuori". "Da oggi mi terrai sempre a portata di mano". Ho paura di non riconoscere più me stesso. Chiedo aiuto a Dio che mi possa illuminare affinché io possa trovare la via d'uscita. Ho bisogno di amore e comprensione, che forse solo Dio potrà donarmeli. Che lo Spirito Santo mi guidi e mi custodisca nel percorso di ricerca del significato. Spero che anche tu caro Angelo mi puoi sentire. Intanto, il cuore batte forte.

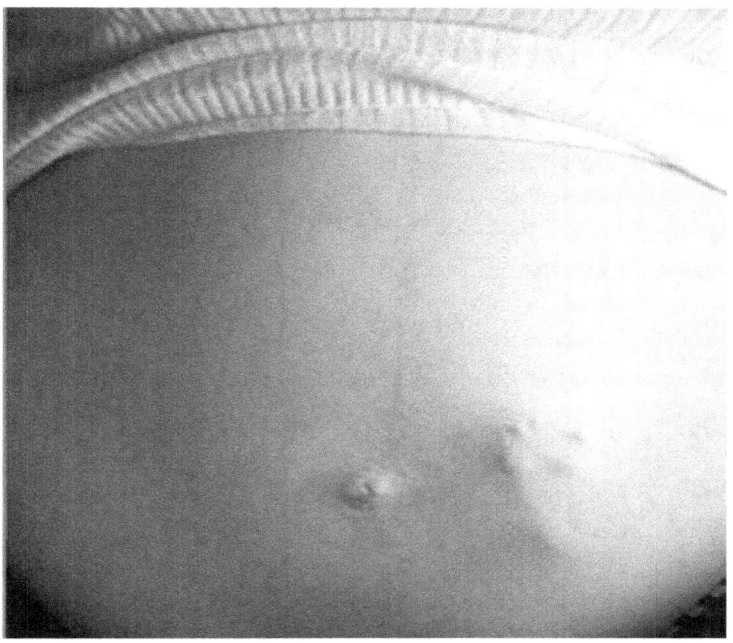

(A. L.) / (L. R.) / (I)

Il lavoro su una frase principale: "Il mio confine deve essere più definito!! "

Immagini, gesti, ricordi associati a questa frase:

Mentre passeggio in una stradina mi imbatto in una rosa che mi fa pensare alla purezza dopodiché la associo al mio caro Angelo, aumento il respiro, mi sento contenuto e amato. Un senso di pace mi invade il corpo e mi viene sonno.

Quando rievoco questo evento cerco di rilassare tutti i muscoli, di estenderli e di riportare l'attenzione sulle immagini che mi vengono in mente (focalizzazione) alterno aiutandomi con il respiro attivazione e riposo (utilizzo/immagazzinamento dell'energia), come mi devo comportare con me stesso e come utilizzare questo materiale per riportare la coscienza ad un livello accettabile (calibrazione).

Vorrei qualcuno che mi mettesse una mano sulla spalla che mi facesse sentire la vicinanza e la complicità, vorrei stare con la mia testa sulla spalla del mio caro Angelo e addormentarmi insieme a lui. Vorrei ricevere un lungo bacio che duri più di due minuti e che io possa gustare il suo sapore ed essere una cosa con lui. Vorrei rilassarmi sulla sua spalla e sentirmi bene accolto come quando ho fatto addormentare una bambina in braccia a me.

Lei prendeva prima il pollice in bocca, poi, mi metteva un dito sul petto e mi tirava il collo della maglia intima, dopodiché, prendeva sonno e gli occhi ruotavano.

Sono entrato in chiesa e ho pregato Padre Pio chiedendogli di poter essere ricambiato da questo ragazzo che per me rappresenta tutto: sento un grande calore quando sono in simbiosi con lui, sto in pace quando prego e sento un unione mistica quando, però, mi accorgo che nella realtà lui è lontano prego a Dio di farmelo avvicinare a me, dopodiché, mi escono delle lacrime copiose automaticamente e sento un grande dolore, mi manca il respiro e mi sento oppresso. Sento che abbiamo gli stessi valori, vorrei tanto ricevere il suo affetto, il suo rispetto, beneficiare del suo modo di essere dolce e garbato come del resto la stessa rosa rossa che ho visto in un vicoletto.

<u>Ulteriori associazioni libere</u>: rosa, rosso, delicatezza, maggio, mese Mariano, sopore, sonno, amore.

<u>Ricostruzione dei momenti salienti dei movimenti dell'Anima</u>: calore, Angelo, chiesa, unione, Padre Pio, pace, gioia, Dio, lacrime, dolore, mancanza di respiro, mancanza di libertà, valori, affettività, rispetto, dolcezza.

(S)

Mi sento una cosa, più che una persona, sento un senso di lontananza, come se io non fossi importante per nessuno. Dimenticato da tutti. Mi sento un corpo isolato dagli altri, come se non avessi una persona per sentirmi in fusione, vorrei fondermi, e diventare una cosa con l'altro. Mi sento inutile, come se non avessi una consistenza. Mi sento disconnesso da lui. Mi sento strano, pochi giorni fa ero collegato con lui e all'improvviso mi sento cento miglia lontane. Che mi è successo? Non lo so! Mi sento letteralmente perso come se non avessi un interlocutore che mi potrebbe capire. Non so con chi avere a che fare. Mi sento annoiato e amareggiato perché in realtà mi sento tradito da tutti, è come se non avessi valore per nessuno. Ho voglia di contatto fisico, di sentire il mio corpo di nuovo vivo. Di sicuro, mi sentirei meglio e avrei un minimo di spazio per potermi sentire una persona valida.

(Sogno)/ (I)/ (L.C.)

Ero fra sonno e veglia e mi ritrovo ad una festa importante e ben vestito, con un giubbino di pelle con una nuova borsa a tracolla, sembravo uno che dovesse andare ad un convegno, all'improvviso vedo come ero una volta quando ero più piccolo ad una festa di compleanno di mia cugina allo stesso modo mi vestivo bene con un bel maglione blu. Poi ho visto che mi svegliavo e mi ritrovavo in una città ma questa non era Avellino, anche se mi dicevano che era lì, mi trovavo in un centro con delle palme. Era presto ed io ero già pronto e vigile. Poi ho sentito la voce di mia zia che mi diceva: "stavi meglio nelle foto quando eri più piccolo eri più fotogenico ma oggi sei molto più elegante. All'improvviso mi stavo per svegliare, sono fuoriuscito come da un tunnel e mi sono svegliato ed ho pronunciato automaticamente per due volte: "Angelo, Angelo" e sento la necessità di alzarmi. Se questo non è amore che cos'è? Vorrei capire come è successo questo automatismo (l'ho pronunciato senza volerlo). Dopodiché per oltre dieci minuti ho sentito freddo e un senso di fame come se mi sentissi alimentato da lui. Adesso sento la necessità di chiamarlo o di vederlo, vorrei restaurare un rapporto di amicizia anche con i suoi amici per non sentirmi perso. Penso di essere in grado di dividere le due cose fra l'amicizia e l'amore. Ho bisogno di sentirmi parte di un gruppo, sentirmi un po' compreso e ricreare un senso di famiglia, di calore, di affetto. Intanto, oggi, voglio dedicarmi ad una lettura e ricercare il centro di me stesso. Coccolarmi ed essere importante per me stesso, voglio dedicarmi a qualcosa che mi piace, per ora riposerò un po' perché voglio chiarire con me stesso cosa voglio in questo periodo. Farò una lista di cosa mi preme di più per sentirmi di nuovo vivo e vitale. Mi sento abbandonato a me stesso. Vorrei ripartire da me stesso e crearmi qualcosa di nuovo. Devo fare chiarezza in me stesso e concentrarmi. Per ora faccio una lista su un foglio per riuscire a districarmi fra i miei dubbi. Caro Angelo, ti voglio tanto bene, so che tu anche se sei lontano mi sai capire e mi sai contenere. Peccato, che non siamo rimasti amici. Saremmo cresciuti insieme e saremmo migliorati insieme. Non posso perdere la speranza di rivederti. Come vedi anche il mio inconscio ha bisogno di te. Sto cercando la mia dimora: il posto dove non solo posso risiedere ma dove posso sentirmi davvero accolto e il posto dove essere me stesso, per quello che sono fatto, senza delle mediazioni fra me e l'ambiente circostante. Un gesto che mi viene spontaneo di fare mentre sto scrivendo è quello di unire le mani e di stringerle, come per ribadire il concetto che non sono solo ma sono in comunione con il mio supervisore, che mi dà tanto affetto e calore. Sono contento del lavoro che ho svolto in questi mesi e cercherò di migliorarmi ancora di più.

(App)

Mi sento stanco, vorrei qualcosa di bello da fare, sto cercando un nuovo equilibrio. E' bello sentirmi parte di qualcosa, vorrei avere un amico speciale con cui condividere qualcosa di importante. Caro Angelo so di essere "pesante " per te ma è tutto il giorno che vorrei stare con te. Ho sentito la tua presenza quando sono stato su un balcone è come se parlassi con te e ti dicessi quanto sei importante per me. È passato un anno da quando ti ho conosciuto e sento sempre di più che sei la mia famiglia e non è fantasia. Mi hai imparato che dentro di me c'è un mondo tutto da scoprire. Mi sento proprio vicino di nuovo. Adesso mi sento estraneo anche se sono a casa dei miei zii con i nipotini che mi danno almeno un minimo d'importanza. È bello parlare con loro, comunicare in modo semplice e immediato. Cosa difficile da fare con i miei coetanei. È tutto molto più diretto. Vorrei un po' di pace e di armonia visto che gli altri non mi danno tanta importanza o forse lo credo io. Vorrei un po'di affetto, un po' di considerazione.

(E. C.)

Ho bisogno di mettermi sul suo petto e respirare insieme ad egli. Vorrei sentirmi una cosa con lui. Stamattina sento un senso di fame, ho fame di affetto, mi sono appoggiato su di un muretto come se mi rilassassi su di lui, ho poggiato il lato come per darmi un po' di tregua. Vorrei sentire il suo calore. Lo voglio bene ma non c'è nulla eppure mi sono sentito rilassato, senza problemi, senza avere nessun pensiero. Solo un senso di mancanza come se fossi un bambino che vuole stare sul seno della propria mamma. Come se dovessi prendere sonno e riuscire a riposarmi. Il sole mi bacia la pelle e sento il vento che soffia. Quando sento la sua presenza sento i miei muscoli, le mie gambe, prima di avvertire la sua vicinanza con un senso di fame e lo cerco tutto questo anche se sto svolgendo un'altra attività oppure sono concentrato su una cosa che vedo, che sta all'esterno. Cerco di distrarmi ma automaticamente mi viene voglia di abbracciarlo. Oppure mi viene da piangere nonostante cerco di sdrammatizzare.

(App)

Vorrei radicarmi in un posto inteso come avere una persona vicina che mi vuole bene che mi sta vicino nel senso che si prende un minimo di cura di me. Mi reputa una persona con un minimo di valore, che mi fa sentire importante. Caro Angelo anche se mi hai trattato male adesso non so cosa voglio da me stesso. So solo che sei importante e vorrei radicarmi come una pianta. Avere un minimo di rispetto. Io mi sto dando il bene che riesco a generarmi. Caro Angelo, mi potresti stare un poco vicino, siamo stati davvero in simbiosi, adesso non sento la tua presenza come prima ma vorrei averti nella mia vita. Ti voglio bene e lo sai. Sarebbe bello incontrarti, fartelo capire che se tu ci sei la mia vita cambia di molto.

(R)

Mi piacerebbe avere un po' di coccole, sentirmi importante per qualcuno. Vorrei un po' di intimità giusto per sentirmi più vivo. Ho bisogno di avere una persona che mi faccia sentire importante come se avessi un punto di riferimento, di contatto. Caro Angelo chissà cosa stai facendo? Forse sei uno che non vuole impegni, tu cosa mi hai fatto? Adesso mi sento sballottato: un pensiero mi dice che mi appartieni, un altro mi dice chi me lo fa fare, non so dove sono. Partiamo da cosa è certo: 1. Ti voglio bene, non so cosa mi spinge verso di te, mi sento capito, mi sento a casa. Adesso ti sento lontano e voglio che tu comprenda il valore che ho. Ho bisogno di sentirti ma non ci sei per ora. 2 Ti voglio la sera e starti accanto per sentire il tuo calore. 3. Cosa mi spinge verso di te? 4. Cosa sta cambiando in me? Mi sento insoddisfatto, lo sai che voglio averti vicino, pure come solo compagnia, ma a te non conviene. Cosa posso fare per me? Rilassarmi e sentirmi in contatto con me. Ho voglia di te, confrontarmi con te, di sicuro sai come prendermi. Non ti chiedo molto. Mi sento cambiato dentro, voglio cose concrete, tipo espressioni di affetto, calore, abbracci, baci, respirare allo stesso ritmo e rilassarsi, perdersi nel corpo della propria persona amata. Sento che è la persona giusta per me. Ma lui non la pensa così. "Sto male da mesi, eh che vita ingrata".

(R)

Non sento una forza nella mia voce, so solo che devo darmi da fare. So che stasera sarà difficile dormire, riposare. So che sono solo come al solito ma vorrei recuperare un po' di stima verso me stesso. Comunicare con qualcuno che mi faccia sentire qualcuno, non so come rilassarmi, vorrei un minimo di consistenza, un po' di concretezza, mi sento come un fantasma. Come posso fare a materializzarmi, di nuovo? Provo a confrontarmi con qualcuno sperando che mi capisca e che mi guidi nella vita. Mi sento una barca senza rotta, senza un porto sicuro. Ho tanta voglia di dare ordine alla mia vita. Chi mi sta vicino nel percorso di crescita? So solo che Angelo mi avrebbe aiutato a capire meglio chi sono e come vivere meglio stando con lui, passando il tempo con lui.

(S)

Oggi mi sento solo, mi manca l'aria e mi manca il mare. Sento il vento e il sole che mi soffia sulla pelle. Mi sento solo e inutile. Mi sembra di aver perso tanto tempo appresso gli altri. Non ho combinato niente. Cosa posso fare oggi per sentirmi meglio? Per sentirmi di nuovo vivo? Sento la terra che mi si toglie da sotto ai piedi. Vorrei un po' di affetto e di considerazione. Sento un grande vuoto dentro di me. Ho paura di rimanere in questo stato di indifferenza da parte di tutti.

(E. C.)

Non riesco a capire chi sono e dove vado. Di sicuro ho bisogno di attenzioni, di rumore intorno. Ho bisogno di avere un minimo di considerazione, mi sento solo, con i miei pensieri solitari, non ce la faccio più a vivere in questo modo mi manca l'aria. Mi sento fermo fuori e dentro. Vorrei calore umano, qualcosa che mi dia ragione di vivere. Ho tanta voglia di respirare aria nuova, una nuova ventata, un nuovo amore. Cerco di avere uno stimolo in più per rivivere. Caro Angelo ti sento nel mio cuore e non ti lascio più. Sei un fantasma ma ti sento vivo e caldo dentro di me. Ti dedico una canzone di Avicii "Hey Brother". Voglio sentirti sul mio cuore. Ho voglia di coccolarti tutti i giorni della mia vita. Voglio pensare che il mondo sia di nuovo mio. Ho fame di affetto e di aria e vorrei andare a letto a dormire, voglio uno spazio tutto mio. Si è fatta sera e mi sembra che dopo aver svolto diverse attività di non essere arrivare a nulla. Domani spero di comunicare in modo più diretto con gli altri e di sentirmi parte della loro vita.

Adesso cerco di sentire meglio la mia presenza e di riuscire a farmi compagnia e a sentirmi completo.

Ho il cuore pieno di amore. Non so come? Sento un calore dentro e c'è solo il tuo nome scritto come un tatuaggio. Solo quel nome può accendere quella luce dentro di me.

(S)

Mi sento perso come sempre e forse mi sento preso in giro dalla vita. Non mi sento compreso da nessuno. Ho bisogno di uno amico vero, sto pregando il Signore per avere un minimo di considerazione. Ho voglia di stare in mezzo alla gente, ho paura di rimanere solo. Di non essere interessante come persona. Ho paura del giudizio degli altri, perché sono rimasto da solo. Chi mi vuole bene realmente? Adesso mi affido a Dio; anche se non ho capito cosa Lui mi ha riservato, qual' è la mia vita? Non sopporto più questa lontananza da parte degli altri, mi fa mancare il respiro il fatto di non poter condividere i miei sentimenti con un altro essere vivente. Che mi sta succedendo? So solo che dentro di me si sta muovendo un mondo immenso. Chi mi fa capire chi sono e dove devo andare? Mi viene da piangere, perché in una vita intera non ho mai avuto una persona che mi ricambiasse con affetto e amcre. Chiedo a Dio di intervenire, mi sento senza valore, vorrei un minimo di sincerità e un cuore che batte insieme al mio. Sto cercando la completezza, per ora sono solo come un cane, nessuna parola dolce sento intorno a me, vedo solo critiche distruttive e offese gratuite.

(R)

Oggi mi sento trasportato nel passato, quando avevo dieci anni ero al centro dell'attenzione da parte di tutti i miei familiari e dei miei amici. E adesso se voglio qualcosa e ho bisogno di compagnia devo sapermela cavare da solo. Questo mi intristisce molto perché sembra che tutto sia regolato da me e non insieme agli altri. Mi sento una isola persa nell'oceano. Spero che riesco a farmi voler bene sempre di più dimodoché riesco ad avere sempre meno bisogno degli altri, in quanto, nessuna persona si sta interessando di me nonostante io mi sia sempre ricordato di tutti. Chiedo a Dio di farmi compagnia e di farmi vivere in serenità e in pace. Ho tanta voglia di dare amore e di riempire di attenzioni una persona che mi sta vicino. Oggi cercherò di stare bene e di godermi la domenica e la festa di San Pasquale. Mi sento come un bambino che cerca l'abbraccio e il calore della sua mamma. Spero di farmi capire dagli altri. Chi mi sta vicino, Signore? Mi manchi caro Angelo, eri la persona che sapeva come accogliermi e volermi bene. Sento ancora il calore della tua presenza.

(S)

Vorrei solo un po' di considerazione, un po' di protezione per sentirmi parte di un qualcosa. Mi sento non appartenente a nulla, forse solo la fede può salvarmi. Cerco un po' di presenza, di attenzioni, di persone intorno che mi diano un po' di significato, di amore, voglio cercare la forza di reagire a questo isolamento sociale. Non sono mai stato in questo stato. Vorrei essere protetto, cercato, non messo da parte. Almeno ho il diario che si fa carico di questo, cerco di farmi coraggio. Ho voglia di aria e di libertà!!

(Storia)

Ho voglia di chiamarti caro Angelo, di fare pace con te e pure con me stesso e di dirti che se ci sei le cose cambiano, pure, se non vuoi condividere nulla con me, almeno, cerco di sentirti vicino senza darti alcun peso. Ho voglia di condividere qualcosa di grande con qualcuno. Ho paura di rimanere solo e abbandonato. Voglio sentire il calore tuo. Adesso dove sei? <u>Stammi accanto, specialmente la sera, mi viene in mente che tu sei 'lontano" da me</u>, riavviciniamoci, siamo due persone sensibili, pure se non c'è una storia d'amore, di sicuro, saremmo amici per la pelle. Ci aiuteremo l'uno con l'altro. Oggi voglio cercare di rilassarmi e di farmi un regalo, vedere le persone a cui voglio bene e domani mi voglio comprare qualcosa per me, per la mia casa ed abbellirla, oppure cercherò di mettere qualcosa di soldi da parte per crearmi un nuovo spazio fisico e mentale. Caro Angelo un giorno, vicino, saremmo di nuovo amici più di prima. È passata un'altra giornata e mi sento lo stomaco che mi fa male, non riesco a sentirmi a casa. Ho una sensazione di vomito come se volessi liberarmi di situazioni chi mi fanno sentire fuori luogo. Vorrei riuscire a riposare e a ritrovare il mio ritmo corporeo. Non mi sento amato, trattato come un bambino che non è ancora cresciuto. Vorrei essere come gli altri. Ed essere considerato come una persona degna di essere amata e rispettata con delle risorse indispensabili per gli altri. Adesso mi dedico alla lettura cercando di ritrovare me stesso e la mia casa: posto dove mi sento me stesso e dove mi sento pienamente accolto cercando di limitare il dolore allo stomaco. È una sensazione di vomito che mi attanaglia e mi fa sentire completamente spaesato. Desidererei un abbraccio vero e sincero che viene dal cuore.

Before I go to sleep,
I imagine you're by my side.

(R)

Ho paura di rimanere da solo senza una persona vicina. Come posso fare a comunicare con un ragazzo che mi vuole bene davvero? Vorrei un po' di considerazione, non so dove sono adesso. Mi sento in tanti posti diversi, vorrei un punto di riferimento. Quando non avrò una famiglia, chi mi ascolterà? Chi mi starà vicino? Mi chiedo come farò, se non troverò una persona per me? Vorrei un ragazzo tutto mio, sembra impossibile in questo paese, ancora pieno di tabù e per me che non sono ben visto, forse, le mie idee non sono condivise oppure sono un peso per gli altri. Da poco riesco a rimanere con me stesso, forse, incomincio a provare piacere di stare in mia compagnia, sento una bontà infinita, una voglia di dare amore e importanza a chi ha bisogno di affetto e considerazione. L'ultimo pensiero prima di andare a dormire: come farò a stare da solo se sono abituato a stare in una famiglia dove ero al centro delle attenzioni, è stato detto che sono uno psicologo che non valgo nulla, sono un mongolide, quando ho l'intelligenza da vendere, adesso sono dispiaciuto di ricevere queste parole cattive, che vogliono infangarmi, mi sento solo e ripeto se pure per la terza volta quando non avrò la mia famiglia io con chi vivrò? Voglio un legame, ma chi è disposto a darmelo? Però ora ci penso e spero di trovare una soluzione almeno temporanea.

(S)/ (L. R.)

Vorrei una persona vera, ma dove esiste? Mi sento solo come se non avessi un po' di libertà nella comunicazione, mi sento isolato, perso, non ho persone amiche, ho bisogno di avere un minimo di affetto e di considerazione. Chi mi sta a sentire un po'? L'amicizia e l'amore quando mi vengono negati che cosa posso fare? Mi sento solo, nel senso di essere stato esiliato dagli altri. Non mi sono allontanato da nessuno ma mi hanno allontanato. Vorrei crearmi oggi un senso nuovo di vita, un nuovo modo di essere e di vivermi, rapportarmi differentemente con me stesso incominciando concretamente con 2-3 punti: 1. Respirare profondamente, 2. Sentire le mie energie dentro di me, 3. Sentirmi ben voluto e amato. Adesso cercherò di voltare pagina. Voglio un rapporto intimo con me stesso e con il mondo.

(C)

Mi sento preso in giro dal mondo come se non avessi un posto dove stare. Non vedo un senso di vitalità, di freschezza, nel vivere la propria sessualità. Mi sento nel medioevo che ancora bisogna nascondersi e mentre gli altri paesi di Europa si vive liberamente, ci si sposa e tutto.

Qui tutto non è lecito oppure si fa nei locali, nelle saune, ma si fa cosa? Solo sesso, fine a sé stesso. Niente sentimenti e amore, nient'altro. Adesso mi sento praticamente lasciato solo a me stesso. Cercherò con tutto il cuore e con tutta l'anima di non tradire me stesso, di ricordare a me stesso quanto sono bello fuori e dentro non per autocelebrarmi ma per sentirmi a casa con me stesso. Sono io la mia dimora, probabilmente, spero che Dio mi illumini nel cammino di conoscenza di me stesso e nel mio modo di essere. Sono alla ricerca della mia casa, ho bisogno di quel calore e di quell'affetto che tutti sperano di avere nella propria vita.
(S)

Ho paura di rimanere solo, vorrei la mia famiglia, non vorrei essere un single a vita solo e abbandonato come è successo nell'infanzia. E' un dolore forse quello di non essere stato visto, considerato, la storia (copione) si ripete anche con gli eventuali partner. Questo produce spaesamento totale, sento nel corpo qualcosa che vuole uscire, forse il fatto che per diverso tempo mi sono tenuto tutto dentro. Non lo so. Cercherò di vivermi meglio la giornata, spero di trovare qualcosa di bello da pensare. Mi sento tradito dal mondo, dai compagni, avrei voluto essere abbracciato, messo sulle gambe e guardare negli occhi dalla persona amata, essere coccolato, avere un contatto fisico, lasciarsi andare, fidarsi uno dell'altro, sentirsi per un po' fusi uno nell'altro. Essere complici, chiedo troppo??

(App)

Non so oggi chi sono, mi sento fermo, vorrei andare avanti spedito come la luce. Ho bisogno di essere ammantato cioè ricoperto di cioccolato, di qualcosa di dolce, di avvolgente. Ho freddo, vorrei una carezza dalla vita, un qualcosa di bello che mi riempia di atmosfere nuove. Un senso di pace vorrei nel mio spirito. Ieri mi sono sentito senza anima, invece, oggi mi sento senza una casa, senza un approdo. Mi sono dovuto riadattare a tanti contesti, adesso ho bisogno di avere la mia casa, la mia famiglia, i miei affetti. Se erano dei referenti esterni, non so come attivare dentro di me un'altro Carmine che si dà anche il proprio fidanzato. Il proprio tesoro. Il proprio amore. Che non significa darsi amore ma colloquiare con parti di sé per risponde al bisogno di essere qualcuno per qualcuno.

(R)

Mi sento un fantasma, che appare e scompare, vorrei un piccolo spazio mio. Lasciare un segno a qualcuno, essere amato, ho paura di rimanere solo, abbandonato a me stesso. Non ho amici, persone che mi comprendono, vorrei un minimo di affetto e di attenzioni. Mi sento in un equilibrio precario come se dovessi riuscire a mettere tutti i tasselli apposto, in modo più preciso. Il lavoro terapeutico è molto pesante, vorrei capire dove sto approdando. Una barca in mezzo al mare lasciata lì in balia delle onde. Sto cercando di trovare un senso alla mia vita. Mi sento lasciato a me stesso, vorrei una persona che mi stesse vicino. Davanti a me vedo il vuoto. Non mi riconosco più, e mi sento castigato dalla vita stessa. Voglio un po' di pace.

(E. C.)

Mi sento estraniato, vorrei pensare a qualcosa di bello. Ad un bel ragazzo, tutto fresco, pieno di forze. Oggi ho rivisitato tutta la mia vita come in un film. Non ho trovato mai pace. Cerco di essere me stesso ma allo stesso modo non so chi sono e dove vado. Domani cercherò di stare più fra la gente. Oggi voglio capire cosa mi manca, sento come al solito un vuoto intorno a me. Ho freddo addosso, vorrei un minimo di affetto, di presenza. Mi manchi caro Angelo spero di sentirti, ho il cuore vuoto senza di te. Sento un calore allo stomaco se ti penso, che parte dal ventre e si irradia al collo. Chi mi potrà fare battere il cuore di nuovo? Ho bisogno di amare. Sento ancora viva la tua presenza in me.

(R)

Mi è stato recriminato dalla famiglia, dagli amici e dai colleghi di non avere intrapreso un percorso personale e di non essermi iscritto alla scuola di specializzazione, ma a quanto vedo già arrivato al sesto mese di lavoro personale, incomincio ad essere stanco, sento sempre la mancanza e il bisogno di avere una persona vicina, un posto dove sentirmi in famiglia, con cordialità e rispetto cose, forse, per i giorni nostri lasciate fuori dall'agire comune. Caro Angelo, non è un mio pensiero ma è una mia necessità averti vicino, ma, tu non la pensi allo stesso modo. Ci fosse un ragazzo, che cominciasse a capire la necessità e il valore di quello che accade fra due persone dello stesso sesso. Non è solo complicità, ma c'è una comunicazione più diretta, più immediata. Nonostante abbia conosciuto anche come funziona la relazione con le ragazze, il grado di intimità non è lo stesso. Quel senso di "essere parte di qualcosa" me lo dà il contatto fisico con qualcuno, cambia tutta la prospettiva. Ti senti parte del mondo, parte della collettività. Ti accorgi che produce un minimo di benessere e di voglia nell'altro, di modo che, ti senti più utile, più presente a te stesso e agli altri. Mi sento senza amici, senza la persona giusta vicino. Questo mi preoccupa e mi fa sentire quella paura arcaica dell'essere abbandonati a sé stessi, sto cercando, scrivendo, un punto di appartenenza, un punto che mi faccia sentire vivo, pensato da qualcun altro essere umano, non rimanere nell'indifferenza totale. Se non ho incominciato il percorso prima non è che avevo paura di farlo, ma perché sono abituato a ragionare e a vivere per obiettivi, il lavoro terapeutico, come la vita ha una bella componente di imprevedibilità. Cosa che a me non aggrada molto, nel mio lavoro voglio la maggiore prevedibilità dell'intervento svolto, di modo che nessuno né terapeuta né cliente vengono a perdere tempo, risorse e qualità di ciò che viene proposto. Secondo punto è difficile sentire dolore su di sé, quando la vita già te l'ha "regalato" e terzo punto la noncuranza degli altri e il fatto che negli altri questi discorsi sono troppo profondi e pesanti, quindi, in definitiva da non trattare, da allontanare. Caro Angelo resterai sempre nel mio cuore, sarai la mia consolazione nei momenti in cui mi sento solo. Adesso che scrivo penso ai tuoi occhi che hanno qualcosa di magico, di familiare, qualcosa che mi fa ricordare che esiste la dolcezza e la sensibilità. Spero che anche tu qualche volta ti ricorderai di me. Adesso non so come sentirmi parte di qualcosa, vorrei tanto parlare e confrontarmi con te, è da tempo che lo desidero. Cerco di concentrarmi e ripensare ai momenti belli che mi hai regalato.

(C)

Caro amico ti scrivo così mi distraggo un po', anche se sei lontano, più forte ti scriverò.

A volte lasciare un segno su un foglio diventa una necessità, una priorità. Come se la scrittura riuscisse a congelare l'attimo, diventando eterni, il valore del bloccare il tempo, di riuscire a portare fuori ciò che è dentro. Sento la musicalità del corpo, la stanchezza di tanti anni di studio, di letture, di lavoro personale, di amori non corrisposti, di essere terapeuta di me stesso e degli altri. Ho paura di non essere più nessuno per nessuno. Non si vive in funzione di qualcuno, ma, la vita nasce dalla relazione primaria e finisce con avere relazioni significative. Le relazioni fanno da contenitore, danno senso e significato al vissuto e alla vita. Dando una forma di racconto alla storia della propria esistenza. Quello che mi manca nel percorso è l'essere amato, a volte, anche un piccolo sguardo è importante.

(R)

Caro amico, ti ho sempre voluto bene dal primo giorno che ti ho visto, ho capito che avevi qualcosa di magico, di diverso, eri molto in movimento, pieno di attività, eri attento ad ogni minimo dettaglio, c'è qualcosa di vivo in lui, conoscevi il mio linguaggio alla perfezione, mi eri vicino, conoscevi bene su che terreno stavi navigando ora non capisco io chi sono e cosa voglio da me stesso. Sto viaggiando negli episodi del passato, e sto vedendo cosa mi è successo negli scorsi mesi e di quante persone ho conosciuto e non ho più visto e risentito. Caro amico non riesco a capire come mai ci siamo incontrati?, forse, per dirci che avrei conosciuto l'ultima persona che mi avrebbe considerato ancora qualcuno da poter amare? Oggigiorno vedo il totale disinteresse da parte di tutti. Fino a quando sono io a cercare gli altri è tutto ok, quando voglio essere cercato non c'è mai nessuno. Adesso caro amico, ti sei dimenticato proprio che io esisto. Grazie mille!!

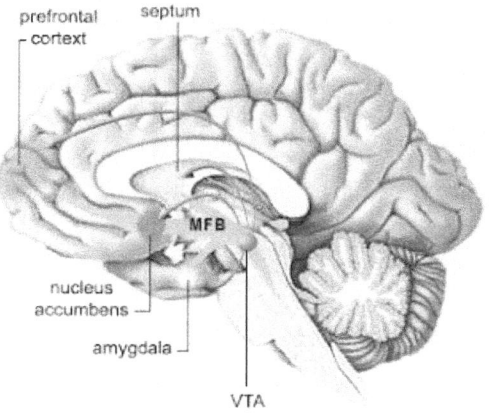

(Sogno)

Ho sognato di essere ad una festa accanto a me c'era Angelo, era lui. La cosa bella che non ho neanche parlato ed egli mi capiva come se sapesse già tutto di me. Poi mi sono trovato in un supermercato e di nuovo l'ho rivisto, come se fossi tornati indietro di anni fa: quando ero piccolo, avevo sette anni e andavo per gli scaffali in cerca di un prodotto, ma non sapevo cosa prendere, cosa comprare. Adesso mi sento solo non so cosa prendere dalla vita, mi sento perso, vorrei un ragazzo, questo di sicuro, ricreare quell'atmosfera che avevo quando ero piccolo. Adesso mi sento una cosa senza un minimo valore.

Ti voglio bene Mago Misterioso

(S)

Il senso di vuoto mi sta prendendo e mi sono stancato di vivere così solo. Solo con me stesso. Mi sento stanco, vorrei dormire. Ho bisogno di qualcosa di bello. Vorrei almeno pensare ad un cielo stellato ed emozionarmi. Qualcosa che mi dia serenità, calore, rispetto, mi sento preso in giro dalla vita, dalle persone intorno. Adesso non so più dove andare a parare. Mi regalo un gesto di affetto e di gratitudine. Ho fame di affetto, di coccole, mi hanno tolto la possibilità di essere amato. Voglio darmi maggior affetto possibile. Mi si è rotto un equilibrio forte dentro, come se mi stessi spezzando in due.

(Storia)

Caro Angelo ho visto il mare, il caldo, Napoli, la metropolitana e mi sono sentito vicino a te. Stasera vorrei dirtelo che ho bisogno di te, della tua presenza, sento la tua voce dentro di me e questo mi riempie di gioia. So che tu mi comprendi e vorrei tanto condividere il mio percorso con il tuo. Mi sento riposato, quando so che sei vicino. Adesso vorrei dormire con te e sentire la tua presenza psicologica. Hai un bel cuore e lo so, è inutile che fa l'infame, dentro di te c'è un'anima dolce e molto perspicace. Spero che almeno tu trovi l'anima gemella. Voglio e vorrò sempre il tuo bene. Chissà se ti rincontrerò e così potrò chiarirmi con te. Se accadrà io di sicuro mi sentirò più sereno e così capirai il motivo di tutto questo attaccamento verso di te. Adesso sei nella mia anima e ci rimarrai per molto, me lo sento. Buona notte mago misterioso. In questo momento che sto scrivendo, sento nell'aria un qualcosa di nuovo, forse, l'estate mi fa ricordare meglio gli odori di mandarino, di limoni, di gelsomini che ho sentito nel tuo paese e mi collegano alla tua zona e a te. Ogni volta che torno lì, mi sento ben accolto, mi rilassa vedere il paesaggio naturale e quello cittadino. La sensazione più bella è che in un piccolo spazio ci sono attività commerciali, industrie, l'indotto relativo alla produzione, la storia romana e paleocristiana, si vede la partecipazione, l'interesse, l'orgoglio di far parte di una città. Ogni volta che ritorno a casa mi porto sempre una immagine e uno emozione nuova. Per esempio questa volta mi porto come ricordo il fatto di aver visto vicino ad un ponte un lucchetto con su scritto: "sei nella mia anima". E' quello è il luogo dove ci siamo visti per l'ultima volta, dove mi hai fatto capire di essere una persona bella, con dei valori ma che tu non avresti potuto corrispondermi. In quel momento mi è crollato il mondo addosso, come se avessi perso una persona di famiglia, mi sono ricordato di non avere più come riferimento mia nonna che mi ha cresciuto e mi ha dato tutto l'affetto possibile. Piangevo e vagavo su questo ponte e nello stesso momento sentivo l'aria che diventava sempre più umida. Come se pure l'ambiente circostante si fosse sintonizzato sul mio dolore, davanti a me c'era una immagine fatta di piastrelle di Padre Pio e ogni volta che passo di lì gli ricordo che Angelo è la persona più importante che ho incontrato nella mia vita.

(E. C.)

Mi sento solo, perso, come se non avessi più uno spazio corporeo, mi sento un tutt'uno con l'ambiente (come se non avessi una protezione fra me e il mondo), non ho più dei confini corporei, ho bisogno di sentire qualcosa dentro di me e qualcosa che mi "copra" come se avessi bisogno di una seconda pelle. Ho perso tante cose nella vita, mi fa male tutto il corpo. Ed è brutto sentirmi così vuoto e triste. Ho mal di schiena, come se tutto gravasse su di me, sento la terra che se ne va da sotto ai piedi, ho la nausea di tutti. Sono stanco, non ho più energie tra poco vado a dormire. Voglio sentire il contatto delle lenzuola e delle coperte su di me.

(S)

Oggi non so chi sono, mi sento un'altra persona, forse, più distaccata, meno dolce, vorrei tante manifestazioni d'affetto, tant'è che occorre, essere massaggiato da una persona che mi vuole bene. Vorrei comunicare qualcosa di importante e condividerla. Sento che ho un grande cuore, che però, non è utilizzato da nessuno. Caro Angelo mi manchi, come mi sono svegliato il primo pensiero in automatico è andato a te. Sento la tua mancanza e tu lo sai. Vorrei solo abbracciarti, sentirti vicino e che mi accogli di nuovo. Se mi ascolti io sto meglio e mi rialzo. Spero che Dio mi ascolti e che realizzi un po' di pace nella mia vita. Ho paura di affrontare qualcosa, mi sento fermo e devo fare qualcosa per me affinché incomincerò a rivivere e a stare meglio. Cosa posso fare per me? Valutarmi in modo positivo e farlo più spesso. Mi sento dimenticato dal mondo e da tutti. Vorrei un po' di attenzioni in più, un po' di presenza e di cuore. Parole dolci non se ne sentono più, c'è crisi economica ma pure sociale. Tanto che mi manchi caro Angelo che sento la voce dentro di me e mi sibilano le orecchie: come quando si è in alta montagna e c'è una depressione dovuta all'altitudine. Sento la continuità della vita fra me e te. Ti voglio tanto tanto. Hai gli occhi furbi e come sono belli. Sei stata una valida guida e adesso manchi tanto. Sai fare tante cose, sono rimasto stregato. Sei misterioso ed io dal primo sguardo l'ho capito. Hai un alone di mistero, capisci tutto, ma come fai a capire chi hai davanti a te? Sei uno serio, quando vuoi farlo. Perché non mi chiami più? E' da maggio che non sento la tua voce. Un piccolo messaggio, no? Facciamoci compagnia, siamo della stessa pasta. Cerco di tenerti un po' con me, dentro di me, piccolo cuore mio.

(E. C.)

Non so qual è il mio mondo. Mi sento perso, vorrei trovare qualcosa di buono in me. Non sento il mio corpo. Vorrei avere un senso di estensione del mio corpo, condividere il mio spazio corporeo con un'altra persona, non per essere completo ma per sentirmi vivo. Essere stimolato e stimolare nell'altro e in me sensazioni corporee sopite dal tempo. Riscoprire un nuovo Carmine, con un corpo più dinamico. Vorrei essere più appetibile e seducente. Desiderato e cercato da un ragazzo. Poter stare insieme corpo a corpo. Sentire il respiro, i brevi movimenti del corpo di un bel coetaneo pieno di muscoli e di forza.

(Storia)

Cerco un minimo di apertura con gli altri. Vorrei stare un po' con te Angelo, affinché possiamo condividere uno spazio tutto nostro. Adesso dove sei? Con chi stai uscendo? Sono curioso di vedere come sei cambiato. Ho paura di non poterti più riabbracciare. È brutto non poter condividere con te le mie impressioni, le mie sensazioni. Vorrei sentire la tua voce, magari, vederti questa sera. Spero che il destino ci faccia ripartire di nuovo. Vorrei stare mano nella mano sul lungomare, godermi la luna e le stelle, come l'anno scorso. Eravamo sorridenti, felici. Un anno fa insieme a mangiare il kebab, era proprio una bella serata, ricca di emozioni. Stasera chissà se ti sentirò al mio fianco? Sei bello dentro e fuori, cuccioloso. Mi hanno allontanato i miei coetanei anche se sono una persona per bene. Vorrei un amico vero, qualcuno che mi dia retta, senso alla vita. Sarebbe bello stasera passare un po' di tempo a vedersi negli occhi e a stare in silenzio. Ieri sera mi sono sentito senza riferimenti e credo che mi hanno messo da parte in molti. Quello che posso fare è godermi la mia compagnia. Il mio essere speciale. Ho paura che qualche coetaneo non accettando il mio modo di essere potrebbe prendersela con me ed attuare una violenza omofobica. Devo avere molto coraggio e devo stare attento a come mi muovo, dove vado, per non avere problemi di discriminazione.

La luna e il lungomare

(E. C.)

Vorrei che al mio fianco ci sia Angelo, sto sul lungomare e mi manca. Cosa ancora più strana è che non so come sentirmi a casa. Adesso sento i muscoli tutti in tensione. Ho dolore ai piedi come se avessi perso la stabilità. Il mio asse lo sposto su di me. Di modo che ho maggiore controllo sulla mia vita. Quello che mi manca è quell'affetto, quell'abbraccio, quel calore di un ragazzo. A volte piccole cose danno molte soddisfazioni. Non vedo dei cambiamenti in me. Sono solo ma davanti a me ho il mare, l'aria che mi coccola, mi sento sereno dentro, ma nello stesso momento mi sento arrabbiato con la vita che non mi ha fatto mai essere corrisposto. Ho bisogno di lui, non ce la faccio più ad essere me stesso, senza la sua presenza. Vorrei mandargli un bacio forte.

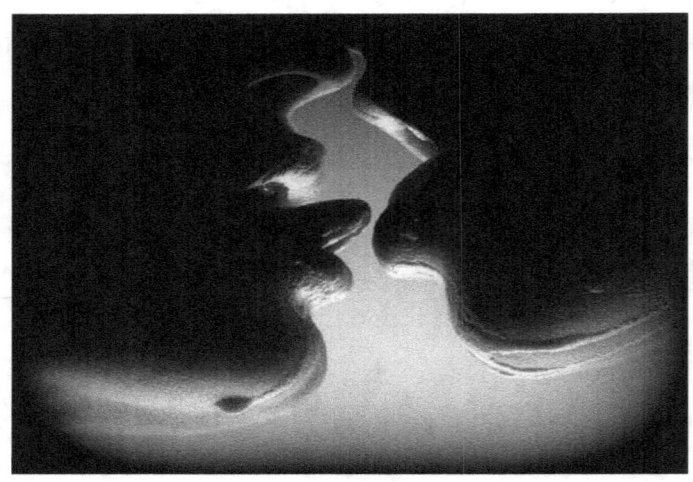

(Storia)

Cerco un minimo di pace. Voglio trovare un po' di respiro. Vorrei fare pace con te caro Angelo che mi hai portato a stare da solo. Ho bisogno di rilassarmi e di chiarirmi con te. Vorrei dirti che ho sofferto ma so che c'è qualcosa di buono in te. Non mi lasciare in balia delle onde. Sono stanco di sentire la tua assenza. Sono sicuro che dopo mesi di dolore che pure se non sono importante per te, almeno avere un minimo di spazio per comunicare fra due persone che si sono conosciute. Capirsi semplicemente senza invadere troppo lo spazio. Non mi sento vivo in questo momento. Cerco di sopravvivere e di dare un senso alle cose che faccio. Molte persone mi dicono che sono saggio, spero di esserlo ancora di più di prima. Vorrei sapere cosa fai, con chi sei e dove vai. Vorrei che mi aggiornassi sulla tua vita, sulle tue cose. Ho bisogno di stare un po' insieme a qualcuno che non mi lasci solo, abbandonato a me stesso. Vorrei un amico vero, un posto tranquillo dove essere riconosciuto e amato. Cosa possa avere dalla vita? Ho avuto solo delusioni. Oggi cosa posso darmi? <u>La mia compagnia è diventata un valore</u>. Vorrei una tua telefonata, per favore.

(E. C.)

Mi sento assente, con il bisogno di far uscire la rabbia di non essere stato mai corrisposto. Ho voglia di una presenza viva, non di un fantasma. Mi sento perso, solo con me stesso come se in questi ultimi sei mesi sono stato a vagare. Adesso mi sento spento, poco unito con la mia persona. Vorrei un forte abbraccio. Sentire la presenza fisica, calore umano, essere riempito di coccole, a volte basta anche una parola dolce. Ho voglia di parole belle e gioiose. Ci sono troppe persone negative oggi giorno.

(R)

Capisco che c'è una crisi economica, però, è pure bello avere un tipo di compagnia, di cordialità, ma dove è andate a finire la voglia di condividere davvero le cose invece di stare vicino un computer, un telefono, uno smartphone? Adesso mi sento inquieto e non so cosa fare, forse, una passeggiata o una giornata al sole. Mi sento vicino al mio dolce Angelo che suona con il suo pianoforte, spero di farlo con lui un bel pezzo, cercando una melodia in comune. Vorrei tanto rivederlo. È solo, invece, un sogno...

(C) / (D)

È stata una giornata stancante al Pride è stato tutto emozionante specie nel vedere le coppie che si baciavano, che si abbracciavano e che sono fiere di essere così. È stato molto liberatorio il potere esprimere la propria sessualità in pubblico. C'erano i carri con la musica da discoteca, è stata una parata piena di effetti speciali: la gioia, la felicità di essere considerati a pieno titolo cittadini visibili con dei diritti e dei valori umani. C'è stato un bel coordinamento durante il percorso della manifestazione ma c'erano pochi carri. Mi sono commosso tanto. Vorrei una società più libera, forte, che riconosca a pieno titolo il primato dei sentimenti e non dei sessi. Due persone si innamorano a prescindere dal loro sesso biologico. La madrina della parata era Giuliana De Sio donna molto forte che ha ribadito la priorità dei nostri diritti riconosciuti in Europa anche se qui la Chiesa detta legge in uno stato laico dopo duemila anni e diventa sempre più ricca. Adesso saluto il mio caro Angelo e vado a dormire. Mi fanno male i piedi, pure se sono abituato a camminare e sto cercando di riprendere un minimo di energie e mi auguro una buona notte, piena di sogni positivi e qualcosa di concreto e di bello: non voglio ritrovarmi single a vita. Ho visto diverse coppie gay che si abbracciavano e si baciavano ma a me nulla. Ho sentito un vuoto e una solitudine come se non esistessi: solo fra migliaia di persone. Come se fossi un fantasma o un ragazzo che non ha valore per gli altri. Andare alla manifestazione mi ha cambiato dentro non so di preciso cosa. Adesso a primo impatto mi sembra che le persone se venissero ascoltate e non giudicate il mondo sarebbe più aperto e ci fossero maggiori possibilità e una migliore qualità di vita. Ho visto l'entusiasmo di volere una vita dignitosa in un paese ancora molto arretrato e bigotto. Vorrei tanti colori e ognuno di questi il diritto di cittadinanza, dall'essere diversi io vedo la continuità della vita. Se no, ci sarebbe una stasi continua e una selezione poco incline alla inclusione sociale e alla felicità della persona.

(S)

Mi sento un'isola lontana da tutti e da tutto. Non so come fare per uscirne. Mi sento un oggetto, un qualcosa che se ti serve lo usi, quando no lo getti. Non mi sento come gli altri, sono solo pure in mezzo ad una folla. Inutile ripeterlo che Angelo mi manca tanto. Mi sento senza valore, Solo e abbandonato a me stesso. Vorrei un po' di contatto, calore umano.

La società non può sussistere tra coloro che sono sempre pronti a danneggiarsi e a farsi torto l'un l'altro. (Adam Smith)

(R)

Mi sento solo, senza una persona fissa, cerco un po' di affetto, vorrei una casa, vorrei essere qualcuno per qualcuno. Vorrei un poco di attenzione, di presenza fisica. Sono in solitudine, non ce la faccio più a ritornare con una ragazza, non ci penso nemmeno.

(S)

Vorrei un po' di attenzione, come faccio a stare da solo? Mi guardo intorno e mi vedo perso. Sto pregando Dio, sto cercando la sua presenza ma non riesco a trovarlo. Sto cercando la sua amicizia, vorrei un po' di affetto sincero, cosa difficile da avere oggi. Ho paura di rimanere nel dimenticatoio per sempre. Adesso sono solo con me stesso. Sento il calore dentro di me. Sono un ragazzo pieno di calore umano. Nessuno lo riesce a captare il mio segnale. Posso solo augurare che Dio senta le mie grida e mi faccia uscire dal deserto.

(E. C.)

Ho voglia di te caro Angelo mi si apre lo stomaco, vorrei coccolarti e stringerti a me. Sento la voglia di stare corpo a corpo e di comunicare senza parlare. Vorrei che i nostri cuori battessero insieme. Un corpo solo e un anima sola. Sono quattro giorni che ho bisogno di abbracciarti ma a te come al solito non te ne frega nulla di me e non è che riesco a trovare qualcun altro che mi faccia sognare per due ore. Adesso ho il cuscino che mi fa sentire calore e presenza. Mi sento come preso in giro dalla vita, all'interno di me c'è tanta passione e amore e all'esterno tanti maschi freddi nei miei confronti. Come mai nessuno si interessa se sono un bel ragazzo? Mi sento davvero caldo e affabile. Lo stomaco ha bisogno di affetto: non di solo pane si vive ma anche di amore.

(Storia)

Mi sento inutile, non so cosa voglio, cerco solo un poco di solidarietà, ma non esiste. Cerco un piccolo riconoscimento, non voglio tanto dalla vita. Mi manca solo lui e nessuno lo può sostituire. Chi mi capisce come lui? Fino ad ora non ho trovato granché né mi sono divertito così tanto. Dopo aver avuto un po' di contatto fisico, comunque la sua mancanza si sente ancora di più rispetto a prima. È proprio un ragazzo interessante mica è colpa mia? Ha tante risorse e tanti pregi, quando trovo uno che è sveglio e intelligente come lui? Si trova? Spero di sì, siamo milioni di persone eppure per trovare un incastro ce ne vuole. È intelligente, veloce nei movimenti, cucina, viaggia, ama i tramonti, sa cantare, sa suonare, sa amare, sa capire cosa c'è di bello in ogni luogo, in ogni persona. Quando parla mi calmo pure se mi dice qualcosa di negativo, non riesco nemmeno ad arrabbiarmi come si deve, pure se la pensiamo in modo diverso arriviamo allo stesso punto. Cosa che non mi è mai successa e che mi stravolge. Abbiamo modi diversi di vedere la vita ma intanto ci riusciamo a dare dei tempi in comune: <u>tempi di presenza e di partecipazione.</u>

(Storia)

Vorrei più persone intorno a me, mi sento preso in giro dalla vita. Stasera ho, come al solito, solo la musica. Vorrei proprio una persona affianco, che mi dia un po' di rispetto, affetto e vicinanza. Non so dove sono posizionato, sento un senso di estraniamento come se fossi una cosa non una persona. Mi sento lasciato solo e non compreso. Voglio un poco di considerazione, ho ricevuto troppo male e nonostante ciò cerco ancora Angelo. Solo che lo penso mi riempio la giornata da un lato ma dall'altro mi sento più escluso dal mondo. Non pensavo potesse arrivare a tanto male: è scappato come un diavolo, mi ha detto di non essere una persona dolce, di auto convincermi di ciò, di essere uno che non sta bene nella società e di non essere una persona. Non sono un masochista, so solo che sento comunque la forza del mio sentimento nei suoi confronti perché lui sa parlare al mio cuore, infatti, sento calore nel ventre, mentre rabbia al collo per non averlo potuto rispondere, in quanto è scappato. Penso che la sua aggressività non sia solo un modo per farmi male, ma, un modo per scaricare la sua rabbia che ha verso tutto e tutti. Vorrei aiutarlo a liberarsi. Prima è stato ferito e adesso aggredisce, ma di certo io non sono una persona a cui poter vomitare addosso. Vorrei un piccolo spazio per me oppure conoscere persone nuove che mi danno nuove situazioni. Caro Angelo ti darò tutto il tempo che vuoi affinché capisci cosa non va in te. Spero di farti aprire e di farti comprendere chi sei davvero e cosa puoi dare. Mi manchi come sempre.

(App)

Volge al termine un altro periodo della mia vita. Mi sento come al solito solo ed ho voglia di pregare Dio affinché porti nella mia vita un po' di serenità. La sua presenza per me è molto importante. Cercherò di prendermi il meglio di questa estate. Ho voglia sempre di abbracci, di parole sentite e di respirare in modo pieno. Caro Angelo oggi mi aspettavo gli auguri da te e un piccolo sorriso da parte tua. Nonostante questa solita delusione ho ricevuto tanti messaggi, di affetto e di vicinanza, che mi hanno dato carica per sentirmi un po' più vivo. Prego il Signore affinché apra il suo cuore e gli faccia capire che se stessimo insieme diventeremmo una squadra ancora più forte e solidale. Sperando che sia più buono con me. Vorrei abbracciarlo e riposare questa notte almeno sognandolo visto che ancora non si è calmato nei miei confronti. Adesso mi dedico un po' di spazio e di sincero affetto.

(R)

Oggi mi sento povero dentro e fuori come se non avessi via di scampo. Come se il mio cuore non esistesse. Sento che la mia vita non scorre più. So per certo che io sono il mio amore. Il mio cuore è quell'organo che mi appartiene e mi fa vivere. Cerco un senso alla vita. Mi sento solo e abbandonato. Sono dentro ad un tunnel e non so quando ne esco. Ho voglia di stare con me stesso in modo più autentico possibile. Cercherò di fare ampi respiri. Ho voglia di rinascere. Chi mi può stare vicino? Il mio sub conscio è stanco di fare tutto da sé. Cerco un modo di sentirmi vivo. Non so più che fare. Forse si diventa adulti quando si smette di cercare negli altri un riferimento e ognuno diventa riferimento per altri che sono arrivati dopo di me. Se questa società è adolescente a vita come prendere un ruolo da adulto ed essere riferimento per altre persone?

(S)

Oggi mi sento senza un po' di valore. Come se tutto quello che ho fatto nella vita non è stato notato da nessuno. Sembro un fantasma, non una persona, una cosa. Vorrei un messaggio di affetto, ma chi me lo manda? Voglio abbracciare un ragazzo, dirgli che è il mio amore, la mia vita, il mio faro, la luce dei miei occhi. Come si fa a vivere una vita così arida? Vorrei un sorriso e un bacio chiedo molto?

(E. C.)

Sento proprio di volerlo bene a questo ragazzo. Al di là dell'attrazione fisica. Mi sento stanco, sono due giorni che sto in un altro mondo. Spero di rimanere nel cuore di qualcuno, o che si affezionino a me. Sono dolce davvero. Mi sento preso in giro dalla vita, ma, ho capito che ho un grosso potenziale ancora da poter usare. Non riesco a capire dove sono posizionato, sento l'odore dei fiori di arancio nell'aria, anche se siamo d'estate, stasera vorrei un bel massaggio e rilassarmi per bene. Possibile?

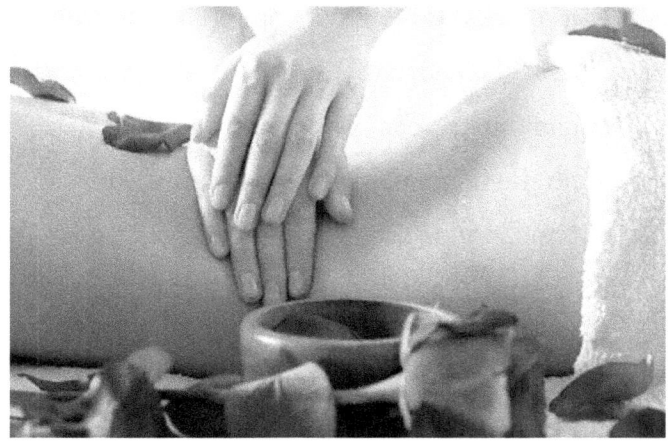

(Storia)

Stasera ho il batticuore, il petto è pieno di calore, che nessuno è disposto a ricevere. Sento davvero la voglia di chiamare il mio piccolo amore e dirglielo quanto è importante per me. Sento il cuore che comprime sul torace e il respiro è più lento, si espande a tutto il corpo con maggiore calore e armonia. Tvb sempre. Dici che non sono dolce e può anche essere così, ma di certo io non posso regolare anche il battito. Ho bisogno di baciarti e prima l'ho fatto sulle mie braccia. Mi ricordo la prima volta che ti ho visto, eri appena uscito dalla palestra e avevi i muscoli tutti tonici. Avevi una bella giacca a vento e subito mi aveva colpito il tuo modo di camminare, i tuoi occhi, fra me e me pensavo: <u>questo incontro sarà diverso, speciale. Vi era qualcosa nell'aria di nuovo, di inaspettato ed è stato proprio così.</u> Solo che lo penso il cuore si riscalda e batte forte. Ho bisogno della tua presenza. Quel posto sarà impresso nel mio cuore. <u>Ti porto con me dovunque.</u>

(R)

E' terminato anche il mese di luglio e sembra che già l'estate sia alle spalle. Ricominciato un altro anno e ho paura come al solito di rimanere single. Vivo una vita vuota, chiusa, poche persone, pochi incontri. Una vita troppo noiosa e ripetitiva! Mi sento perso, vorrei una persona che mi dia calore, affetto, un senso di casa, di dimora.

(R)

Non riesco a trovare una persona che mi fa sentire a casa cioè a mio agio che abbia a cuore me. Vedo l'indifferenza e non so che cosa fare per capire gli altri. Mi sembra che vivono in un altro pianeta. Adesso non mi resta che concentrarmi su come liberarmi da questa oppressione che mi si è formata intorno. A quanto pare vedo che le relazioni sono finte e artificiali, non più libere e fluide. Ho dato tanto di me stesso ma non è servito a nulla. Mi sembra che le persone non riescano a entrare nel mio mondo ma cercano solo di schermarsi e di allontanarsi da me. Quello che so per certo è che ho sempre amato e rispettato tutti. Adesso voglio vivere in modo più delicato possibile. **Voglio la mia amorevolezza.** Sono stanco di ricevere delusioni e cattiverie. Cerco di negare a me stesso il fatto che non sono innamorato ma non è così, infatti, sento la sua voce e la sua presenza all'interno del mio corpo. Speriamo che passi prima possibile. Sento un calore dentro che in parte è piacevole e in parte no!

(E. C.)

E' stata una notte di fuoco. Pensiero ossessivo: mancanza di Angelo, mi sento perso, mi fa male la schiena. Mi sento vago, ripetitivo. Ho bisogno di abbracci, baci, di essere uno con un'altra persona. Sono stanco di non essere calcolato, ho bisogno di sentirmi un po' importante. Tutta la notte a sentire la tua voce. Chissà che stai combinando ancora. Oggi di giorno lo sento che parla dentro di me. Entra ed esce come se fossi un albergo. Vorrei che si fermasse a farmi compagnia ma lui non vuole: è duro come un mulo. Gli ho dato tanto, tutto me stesso, non ricevo in cambio nemmeno un saluto, un come stai, vorrei un po' di affetto, non chiedo molto. Mi sento povero dentro e fuori: sia povero economicamente che spiritualmente. Sto scrivendo e sento la sua voce che mi dice: "senza di me non andrai lontano" ed io gli rispondo: "non ci sei mai, pensi solo a te stesso, sei un egoista, come puoi amare?". Non chiedo molto dalla vita: essere amato, poter amare, essere contraccambiato. Vorrei un grosso abbraccio. Sto perdendo peso, mangio poco, ho poca fame, ho voglia di baciare, a tal punto che mi bacio sulla mano. Sento un vuoto intono a me. Mi sono sognato mia nonna che si voleva lavare e dopo che si era sporcata, la dovevo pulire. Ero arrabbiato all'inizio, dopo ho incominciato a farlo con piacere. Adesso dopo sette anni sento la sua mancanza. Chissà perché me ne accorgo così in ritardo? Questo ragazzo mi ha fatto riportare a galla tante cose. Mi sono affezionato senza accorgermene. Per me è qualcosa di importante, egli sa come parlare al mio cuore, adesso sento di nuovo la sua voce: "Carmine, non ti dimenticare di me" ed io gli rispondo: "sei tu che ti sei allontanato". Chiedo un piccolo spazio, non chiedo molto, che mi pensi e non mi lasci solo e abbandonato a me stesso. Oggi vorrei stare un po' in compagnia di una persona che mi ha a cuore. Caro Angelo ti saluto, buonanotte!

(S)

Oggi mi sento in un altro mondo cioè un anno fa sono uscito per l'ultima volta con Angelo, mi manca, può essere che nella mia vita è tutto fermo? Non so più chi sono e cosa voglio. C'è un amico? Mi sento senza un'appartenenza, senza radici. Vorrei una persona di fiducia con cui essere me stesso. Sembra che invece di crescere mi sia fermato, non so cosa mi succede. Chi me lo fa capire? Mi sento diverso. Non so usare le parole precise per descriverlo. Questa storia mi ha provocato un vuoto ancora più forte. Come faccio a sopportare questo dolore, questa distanza?

(D)

Mi manchi caro Angelo, tutti i giorni è così, è triste dirlo ma nessuno può prendere il tuo posto. Sei un ragazzo unico, ti ho cercato per il corso ma non ti ho trovato. Ho voglia di abbracciarti e di stare, sorridere con te. Tutto è più romantico. Ti dedico la canzone "Buonanotte giorno" di Gabry Ponte visto che ti penso come mi sveglio. Mi manca la tua intelligenza. Buona notte e sogni d'oro. Sei sempre nel mio cuore.

(R)

Mi sento proprio diverso, forse, più maturo. Penso che non sono più innamorato di nessuno. Vorrei una storia ma non so cosa fare per rimediare. So solo che a volte il vuoto mi avvolge.

Devo cercare di lottare contro questo male oscuro. Non capisco come mai gli altri hanno degli amici, delle comitive ed io no. Sono sempre isolato dal resto del mondo. Chissà cosa mi aspetterà, sono sicuro che sta incominciando un'altra fase della mia vita. Cercherò di parlare con Dio più volte nella giornata e di farmi guidare da Lui. Per lui ho già trovato il ragazzo ma a me non sembra possibile. Vorrei sapere il Suo disegno.

(S)

Mi sento inutile, una persona staccata, come al solito, dal mondo. Non so come mai sono nato ma mi è chiaro che il bene che provo per gli altri non viene mai compreso e accettato. A volte è dura la realtà, dovrei cercare di vivere ma non ci riesco. Non mi fido delle persone, devo accettare sempre il fatto che non tutte le persone sentiranno lo stesso che provo io per loro. Ti senti tolto il respiro, ti manca aria quando una persona non ti contraccambia. Non so cosa fare della mia vita. Sono senza nessuno, senza radici, so solo che la musica è stata sempre la mia alleata, ho il cuore spezzato. Vorrei sapere tanto il suo progetto che Lui mi ha destinato. Vorrei avere o tornare nella mia casa. Ho voglia di amare, Signore me la dà la possibilità? Non voglio rimanere solo nella vita. Ho fatto gavetta per 11 anni adesso chiedo dalla vita un po' di attenzione, di fare l'amore sia con il corpo che con l'anima. Comunicare in modo profondo, riappropriarmi della mia vita. Non mi innamoro facilmente ma le persone le scelgo con cura. Vedo ogni minimo cambiamento in loro, pure dopo tempo. Adesso non so più cosa fare della mia vita e dove incominciare a respirare. Posso avere una possibilità per vivere dignitosamente?

(E. C.)

Ho paura di rimanere single, vorrei tornare indietro di un anno, stare su quella famosa panchina e respirare. Caro Angelo sei magico. Quando ti sentirò? Ho imparato a dimenticarlo, a sentire meno la necessità di averlo affianco, anche se è passato un anno io lo sento mio. Ovvero parte di me. Non so oggi cosa succederà ma sento che qualcosa si muove dentro di me, ma non so come chiamarlo.

(App)

Siamo alla fine di un altro anno, vorrei tanto festeggiare con dolcezza e armonia con una persona che mi sta davvero vicino. Sono un po' disorientato ma voglio incominciare a sapere che la mia bellezza mi servirà per superare i momenti difficili. Spero che il mio percorso sia letto e assaporato. Anche se ripeto spesso le stesse sensazioni, questo, è dato dal dover affrontare più volte il dolore dell'abbandono, della solitudine, della indifferenza. Si avvicina un altro Natale e sento dentro di me la canzone "All I want for Christmas is You".

Non solo per sottolineare che i legami non si distruggono ma la cosa più bella che mi fa essere me stesso e ritrovarmi è la saggezza che ho dovuto maturare. Non avendo figure significative stabili sto cercando di trovare le risorse per volermi bene e per sapermi dare quello che nella mia prima parte della mia vita mi è stato negato: contatto fisico, contenimento, presenza. Anche se oggi nessuna persona è riuscita a sostare e a dedicarmi un contatto caldo e accogliente, mi ritrovo a cullarmi da solo e a darmi degli spazi che io stesso mi negavo che non sapevo che ci fosse una mia parte così dolce e delicata che bisogna prenderla e maneggiarla con cautela. Sto incominciando a toccare con mano la mia parte profonda e sto parlando di tante giornate in cui io non ero il centro dell'attenzione dei mie genitori e me la sono dovuta cavare da solo. Ho sperimentato sulla mia pelle che il cuore è strettamente legato alle memorie implicite e ai micro movimenti che l'organismo attua in automatico.

Conclusioni1

Con questo anno si chiude un'altra tappa importante con il dialogo e il viaggio con l'inconscio e con l'incontro con la persona amata e con tutto ciò che ha modificato all'interno del funzionamento psichico. A volte mi sembra di avere un doppio utero: quando ami veramente una persona si crea un collegamento forte che travalica spazio e tempo. Adesso si incomincia un nuovo esperimento fatto di nuove sensazioni e di una nuova presenza nella mia vita. Un nuovo ragazzo che è molto gentile e cortese e che anche se non si apre molto, sembra una rosa che ha tanti petali e al centro nasconde il nocciolo dove nasconde qualcosa di prezioso e dove c'è la sua vera fragranza. Sono curioso di sapere cosa nasconderà. A volte non voglio entrare troppo per non essere molto invadente. Spero che piano piano incomincerò a capire qualcosa in più. Per ora ho bisogno di darmi importanza perché devo ritrovarmi e incominciare a costruire il mio spazio vitale, anche, se oggi è molto difficile raggiungerlo. Spero di vederci sempre di più nel mio intimo e di questo nuovo ragazzo dagli occhi di ghiaccio. La colonna sonora che mi fa ricordare questo ragazzo, dolce e sensibile che mi ha regalato tanti momenti di vera intimità di cui ne sono immensamente grato, è "Chandelier - Sia".

La sua personalità è penetrata dentro di me, grazie a lui ho imparato ad essere bambino e adulto allo stresso tempo. Mi ha imparato a dare valore ai sentimenti e alla fedeltà.

Ti porto dentro di me sempre. Mi ha fatto sentire importante davvero specie tutte le sere prima di andare a dormire mi dedicava la ninna nanna, un modo per sentirsi vicini e per coccolarmi. I suoi capelli, il suo sguardo, il suo viso rimarranno sempre stampati nella mia memoria. Il suo odore, le sue mani, la sua creatività e la voglia di farmi sentire davvero a casa, sono stato davvero contento del suo passaggio nella mia vita, in quanto, mi ha preparato ad essere un uomo migliore, più autonomo e determinato. Spero tanto che torni ad essere parte della mia vita. Sei nell'Aria e nei miei polmoni sempre, mi hai saputo portare in una dimensione bellissima surreale, i tuoi riccioli, la tua fantasia e la voglia di trasmettere valori forti, il legame che ha con la sua famiglia è molto marcato anche se non lo dà a vedere. Sono sicuro che ci ritroveremo. Ho detto che per me sei importante ed è proprio così tu e Angelo sarete sempre le mie stelle per orientarmi. Un bacio infinito …

Conclusioni 2

Come al solito devo farmi compagnia e volermi bene da solo. Mi sento più sereno perché quando scrivo e metto ordine nelle idee riesco a sentirmi più vivo. Ho capito che la mia compagnia è un valore aggiunto in quanto sono una persona piena di risorse e cerco di mettermi a disposizione con tutti. Spero che qualcuno si ricordi di me e che ho tanto bisogno di sentirmi di nuovo a casa. Ho bisogno di una persona che mi porti nel suo cuore, che mi faccia sentire una persona speciale. Sento ancora la freddezza e il distacco nei miei confronti. Vorrei ricevere un abbraccio forte e sentirmi al centro dell'attenzione di una persona dolce e che sappia dare ascolto e attenzione. Sento la presenza all'interno di me di due persone che sento vive nell'Anima e ascolto le loro voci. Mi piacerebbe tanto tornare a casa e trovare qualcuno che ti aspetta e poter organizzare una cenetta a lume di candela, guardarsi negli occhi e rimanere in silenzio. Ho imparato a fare prima amicizia con me stesso e poi con gli altri. Dentro di me ho due ragazzi speciali che sento a me vicino e che sanno leggere i miei bisogni profondi. Adesso li sento parte di me ma non li dimenticherò mai perché vivranno con me per molto tempo. Sento la loro mancanza e mi capita di nominarli quando ho bisogno di loro e sento le loro voci dentro di me quando sono concentrato.

Conclusioni 3

L'AMORE E' UNA FORZA CHE TI TRAVOLGE E CHE TI FA SENTIRE UNICO. L'AMORE TI LEGA ALL'ALTRO SENZA OSSESSIONI NE' COSTRIZIONI NE' FORZATURE… l'amore è una cosa meravigliosa. Ti fa sentire parte di un tutt'uno, parte dell'altro. L'amore non ha regole, non deve sottostare a nessun tipo di convenzione sociale. L'amore è una cosa semplice. Dove ci sono complicazioni non può esserci amore quindi non smettete mai di cercare l'amore vero. Quando c'è, quando si sente per davvero, l'amore non è complicato ma è semplice e ti riempie la vita! E non importa che tu sia etero, che tu sia gay, sia lesbica, sia bisessuale ecc.

Loro continuano a vivere dentro me. Mi hanno insegnato l'amore, la bellezza della vita e la semplicità delle piccole cose. Mi hanno insegnato ad essere l'uomo che sono, un uomo migliore e speciale. Non dovete mai vergognarvi di provare sentimenti per persone del vostro stesso sesso perché quando si ama veramente niente è impossibile. Senza amore non esisterebbe vita.

Indice

Avvertenze

Si invitano i lettori a consultare sito

http://psicologiainrete.jimdo.com/

Sezione articoli sottocategorie: 1. Arte di Amare; 2. Sincronicità; 3. Biosistemica;

4. Psicoterapia Biosistemica, 5. Terapia Manuale; 6. Amore e Presenza;

7. Riflessioni sull'Amore di Aldo Carotenuto; 8. File scaricabili dalla home page: L'arte di saper amare: viaggio terapeutico per guardare con gli occhi del cuore; 9. Integrazione del Sé e Benessere Psicologico

I edizione Giugno 2015

www.ingramcontent.com/pod-product-compliance
Lightning Source LLC
Chambersburg PA
CBHW081201280526

45791CB00006B/2154